ALGER
HISTORIQUE

Berbères...Puniques...Romains

Vandales...Byzantins...Ottomans

Français...

I0153209

DMOH BACHA

ISBN : 978-0-692-87684-8

ILLINDI PUBLISHNG

Illinois   USA

http://www.illindipublishing.com

The farther backward you can look, the farther forward you will see."

Winston Churchill

« Le plus loin on regarde vers le passé, le plus loin on voit le future."

Table des Matieres

1   Prologue

Pour arriver à comprendre le Maghreb, il faut passer par Alger, Tunis et Marrakech. Ce premier livre « Alger Historique», de la série Haut Maghreb,   est la première étape du parcours.

Avant d'aborder l'histoire d'Alger, il est nécessaire d'avoir une idée globale de l'Afrique du Nord. L'appellation « Maghreb » suscite parfois confusion.

En langue arabe le terme « Maghreb » signifie s'éclipser. Comme le soleil au crépuscule, vers l'ouest, par conséquent le terme signifie le positionnement géographique, ouest ou occident.

Dans cette même langue, le "Maghreb" désigne l'Afrique du Nord. Vaste territoire qui se trouve à l'ouest de la péninsule d'Arabie.

Les Marocains appellent leur pays « El Maghrib » la dénomination officielle est « El Mamlaka El Maghribia », littéralement « Royaume du Maghreb» qui est translitéré en français et d'autres langues en « Royaume du Maroc ». Quant au Maghreb proprement dit, les Marocains l'appellent « Grand Maghreb ».

Les Espagnols appellent le Maroc « Marruecos », dérivé de Marrakech. Cette translitération a donné Maroc en Français, et Morocco en Anglais

Les Turcs d'aujourd'hui et les Ottomans d'antan ont toujours appelé le Maroc « Fès » alors que les Perses d'hier et d'aujourd'hui lui attribuent le nom d'une autre ville « Marrakech ».

Les Français appelaient les territoires colonisés ou sous protectorat : Maroc, Algérie, Tunisie ; l'Afrique du Nord. Aujourd'hui en France, cette région s'appelle désormais le Maghreb.

Jusqu'à récemment, les Anglo-saxons considéraient Tanger la porte de l'Orient, le Maghreb étant méconnu. D'autres l'Afrique du Nord avec l'Afrique subsaharienne.

Le nom Algérie est une translitération de l'Arabe « El Jazair » terme qui est une corruption du pluriel du mot « *jazira* », (île). Dans cette langue, le pays porte le même nom que sa capitale, El Jazair. Il est aussi appelé « Maghreb El Awsatt ».

La Tunisie qui en Arabe porte aussi le même nom que sa capitale, Tunis, est aussi appelée dans cette langue « Maghreb El Adna ».

En Algérie et en Tunisie, on se réfère formellement au Maroc par l'appellation "El Makhzen".

Certains Maghrébins se proclament "Arabes", sans vraiment savoir pourquoi. D'autres, qui se foutent des proclamations se considèrent Berbères, ils s'appellent eux-mêmes « Amazighs » et appellent le Maghreb "Tamazgha".

En général, les ressortissants du Proche-Orient assument le Maghreb peuplé uniquement « d'Arabes », les Berbères étant des nomades venus d'ailleurs. Ils les confondent avec les bédouins venus d'ailleurs.

Certains Arabisés admettent que les Berbères étaient là, sur place, avant les Romains, mais ils persistent à dire que ces derniers viennent tout de même du Proche-Orient, ils les assimilent aux Phéniciens venus de l'actuel Liban.

Les paléontologues nous apprennent que les Berbères sont la continuité des premiers groupes humains à avoir fouler le sol du Maghreb avec les pieds et non avec les pattes, ce qui les place en premiers occupants de la région. Leur point de départ est le même que celui de tout être humain, il se situe au delà de notre compréhension.

L'histoire est délimitée par des seuils relatifs à des périodes déterminées, sinon on s'embourbe dans les considérations des origines sujettes à toutes sortes de théories sur l'évolution de l'humanité.

L'origine n'est qu'un repère et non pas un étalon de mesure de la grandeur humaine. C'est la falsification de l'histoire qui dresse la haine intercommunautaire, car au fond, bien que différents, nous sommes tous de la même espèce.

Il n'y a pas si longtemps, le "Monde berbère" était ostensiblement associé au folklore officiel, à l'huile d'olive ou encore aux tapis tissés par les femmes amazighes du Haut Atlas.

Dans ses écrits et dans son temps, Ibn Khaldoun disait que les peuples du Maghreb, les Berbères :

« *Se rasent le crâne, mangent du couscous et portent le burnous* ».

(Khaldoun, 2003)

Ibn Khaldoun décrit méticuleusement la structure sociale des Berbères de son temps. Quant à leurs origines, il avance plusieurs versions basées sur des récits recueillis de différentes sources qu'il trouve lui-même parfois contradictoires et à la limite de l'absurde. Toujours est-il qu'Ibn Khaldoun utilise parfois des sources bibliques empreintes de mythes et de légendes. En outre, Ibn Khaldoun perçoit l'aspect identitaire sous le prisme de l'assimilation.

Selon l'écrivaine égyptienne Nouha El Zini, Ibn Khaldoun serait lui-même Berbère andalou et ce malgré ses déclarations d'affiliation remontant jusqu'à la Mecque. (Nouha, 2011)

Selon Tabari, les coutumes de l'Arabie ancienne permettaient la cooptation et le co-allaitement pour cémenter une ascendance commune. Il était donc assez facile de se mêler à la ribambelle des « Ibn » et des « Beni » pour se proclamer pur-sang Arabe.

(Tabari, Chronique Traditionnelle, 1980)

Les dirigeants politiques d'Afrique du Nord créèrent en 1989, l'Union du Maghreb Arabe (UMA) qui comprend cinq pays, la Mauritanie, le Maroc, l'Algérie, la Tunisie, et

16

la Libye. Ces pays sont aussi membres de la Ligue arabe, un forum et embout buccal du « Monde arabe ».

Les zélateurs du « Monde arabe » qui n'est autre qu'une coquille creuse d'un espace géopolitique, veulent en faire de ce monde virtuel, une nation, une identité exclusive. Loin de rallier des pays parlant une même langue dans un « Monde arabophone », de coopération et de bloc économique, ils perpétuent la supercherie où la langue définit l'ethnie et l'identité.

A titre de comparaison, les Américains du Nord ne se disent pas Anglais, ceux du Sud ne se disent pas Espagnols ou Portugais. Dans le pays le plus peuplé du monde, la Chine, plus de dix différentes langues sont parlées, mais les Chinois s'identifient avec leur pays, pas avec leur langue.

Le concept illusoire du « Monde arabe » ou plutôt du « Monde arabophone », sert d'alibi aux despotes pour légitimer leur pouvoir. C'est un concept politique propulsé par la propagation de l'Islam depuis la Mecque jusqu'à Tanger. Les habitants de ce vaste territoire, bon gré mal gré, optèrent pour le package « Islam-Arabe ».

La notion « d'arabité » fut utilisée, au fil du temps, pour servir et préserver le pouvoir des différents califes, des chefs de dynasties locales, du colonialisme européen, des dictatures panarabes, et récemment des islamistes sous la tutelle des émirs-monarques de la péninsule d'Arabie.

L'arabité au Maghreb repose sur un trépied bien ancré dans un torchis d'ignorance et de duperie. La triangulation, politique-religion-langue, est une « top-formula » pour laminer la liberté individuelle, la diversité dans tous ses aspects, et la tolérance. Cette triangulation représente le symbole du déni identitaire qui empêche les membres d'une communauté de devenir citoyens à part entière.

L'ultime humiliation envers l'être humain est de lui denier d'être ce qu'il croit être, le droit d'appartenir à ses origines qui lui appartiennent. Ce déni, un mépris, que l'on subit et que l'on hérite, génère une rancœur latente qui éclate, "sooner or later", en temps de crise. C'est ce qui se constate aujourd'hui de part le « Monde Arabe ».

Dans la lutte pour la liberté, le premier combat est celui de l'identité.

L'idéologie du panarabisme, progressiste ou conservateur, a épuisé son crédit.

Durant le soi-disant « Printemps arabe » en 2011, les citoyens se drapaient dans leurs couleurs nationales durant le soulèvement populaire. Ils clamaient avec ferveur leur attachement à leurs pays respectifs, ils aspiraient à une vision commune génératrice d'espoir et non à un destin commun qui ankylose. Ils voulaient croire en un avenir qui ouvre des opportunités pour tous.

Le soulèvement fut un élan sincère d'une population aspirant à une amélioration sociale et politique. Cette population sans leader politique ni organisation, ni support, fut supplantée par les islamistes financés par les pétrodollars.

La politique est à la portée de l'ambitieux, la religion s'adopte, et la langue s'apprend. Ces trois facteurs suggèrent une appartenance, mais ne définissent pas à eux seuls l'origine ou l'ethnie, au sens moderne du terme.

La Berbérie, terre ancestrale des Berbères, englobe cinq pays : Algérie, Maroc y compris les enclaves espagnoles, Mauritanie, Libye, et Tunisie. Elle s'étend jusqu'aux Iles Canaries et couvre des parties du Mali, du Niger, du Tchad et de l'Egypte.

Beaucoup de Berbères conspuent le substantif « Berbère », et encore plus « Berbérie ».

Comme ils ont fait un upgrade de « Berbère » à « Amazigh », ils sont sur le point de faire` de même en zappant « Berbérie » au profit de « Tamazgha ». Ce terme, néologisme ou mot ancien, suscite toujours un débat académique. L'étymologie du mot « Tamazgha » n'est pas encore définitivement établie. De toute manière, le terme a été « frappé » par la griffe amazighe pour signifier « homme libre ».

Aujourd'hui, on fouinant dans des archives ressuscitées par les nouvelles technologies, les internautes entrent en trépidation, en apprenant que les premiers conquérants musulmans de la Péninsule ibérique étaient en grande partie Berbères, tout comme leur chef Tarik Ben Ziad.

Ces internautes découvrent, entre autres, l'arrivée au Maghreb du premier contingent d'Arabes, quelques milliers, au 7ème siècle. Environ 300 ans plus tard, ils furent rejoints par les hordes (selon Ibn Khaldoun) des Beni Slimane et des Beni Hillal. Selon les estimations basées sur les résultats d'outils modernes de recherche, le nombre de ces derniers ne dépassait pas 150 000, femmes et enfants compris. Durant cette même période, la population amazighe se chiffrait à plus d'un million d'habitants.

Depuis le 7ème siècle, il n'y a pas eu génocide de Berbères, ni leur exode massif vers d'autres terres. Les cataclysmes naturels et les épidémies dévastatrices ne ciblent pas de populations particulières.

Les mêmes internautes, grisés par Wikipédia, découvrent dans le répertoire "*Amazigh Celebrity Book*" une sacrée liste à porter en bandoulière. Elle comprend une foultitude de hauts gradés comme on dit au Bled, notamment : des Pharaons (Chechnak 1er), une douzaine de rois Numides et Maurétaniens (Massinissa... Boukous), des empereurs romains (Septime Sévère, Caracalla), d'imminents théologiens chrétiens (St Augustin), des Papes (Gélase 1er), la liste est abondante. Ces personnages sont des Berbères assimilés, mais des Berbères tout de même.

Les réseaux sociaux trouvent plaisir aussi à faire connaître les dynasties berbères musulmanes, et la liste est assez longue. Notamment: les Berghouatas, les Ifrenides, les Fatimides, les Zirides, les Hammadides, les Almoravides, les Almohades, les Hafsides, les Zianides, les Mérinides, et les Wattassides.

De nos jours, il est devenu commun de rechercher ses racines, ses origines. Beaucoup de gens ont besoin d'une certaine reconnaissance, d'unique appartenance, pour *booster* leur ego et plastronner leur fierté.

En quête d'identité, qui de nos jours ne revendique, ne crâne la gloire de ses ancêtres, réels ou imaginaires, quels qu'ils soient, quitte à les inventer ?

Avec l'évolution de la technologie qui permet ample accessibilité à la communication et au savoir, il devient de plus en plus difficile de cacher la véridicité des évènements du passé. Il a fallu des siècles et multiples potences pour arriver à admettre que la Terre n'était ni plate ni centre de l'univers. Cependant, nombreux sont ceux qui s'acharnent à croire encore qu'ils sont le centre du monde.

L'indéniable progrès de la science, sous le *drive* de la curiosité inhérente à l'être humain, arrive à sabouler les esprits crédules et monter la garde contre l'imposture historique.

Le Haut Maghreb, croisement de civilisations de l'Orient et de l'Occident, est un haut lieu d'évènements historiques.

2 Introduction

Haute Casbah d'Alger Années 1960

Image 1 **Haute Casbah**

« *Welcome to Algeria* ! », dis-je à George bien installé sur le siège voisin du mien, dans cet avion à destination d'Alger. Il résidait comme moi dans l'Etat de l'Illinois. Les speakers annoncèrent notre imminent atterrissage. Après le jargon Franglais du pilote, une autre voix d'homme se fit entendre. Dans un arabe classique avec accent libanais, difficile à comprendre, l'enregistrement rappela notre arrivée à l'aéroport international d'Alger. Coupant court aux salamalecs indolents, une voix vibrante de jeune fille, au ton vif et saccadé, entama un message de bienvenue avec « *Azul fellaouan* ». Ce message d'accueil en langue amazighe, signé Aigle Azur, est une première pour une compagnie aérienne desservant la Numidie antique.

— « Quelle langue est celle-ci ? Demanda George.

— Tamazight[1], pardi ! Ce qu'on appelait naguère Berbère, c'est une des langues officielles du pays.

— Cool ».

Sitôt atterris, George jubilant s'exclama :

« Alger la Blanche ! La capitale des corsaires ! La Casbah ! Albert Camus ! Les Black Panthers !

— Pas si vite George ! Nous sommes à Dar El Beida, comme Maison Blanche, Casa Blanca,

---

[1] Tamazight : Ecriture de l'Amazigh, elle existe en plusieurs versions de Tifinagh. Amazigh est le nom générique des autochtones d'Afrique du Nord, appelés naguère Berbères. Le terme Amazigh tient son origine des dynasties autochtones Massyles et Massassyles du temps de l'antiquité. De nos jours, le terme Amazigh signifie « Homme libre ».

ou encore « *The White House* ». Alger est à 30 kilomètres.

— Mais nous sommes bien au pays mauresque. Lieu où le caractère de Don Quichotte a germé dans l'imaginaire de Cervantès pendant sa détention par les corsaires barbaresques. Là où le général Patton et la 8ème Armée sont passés pour libérer la Rome moderne. Le chemin à revers, emprunté par Hannibal et ses éléphants de guerre pour aller écraser la Rome antique. C'est bien le pays des sables et du désert, des Arabes et des musulmans.

— Nous sommes aussi au pays de la date, de la graine et de la grappe. Le pays de Massinissa, Jugurtha et Saint Augustin. Mais de nos jours, la graine fait défaut, le raisin de table supplante le vignoble, les puits de pétrole remplacent les puits des oasis. »

Le lendemain, bien qu'encore sous l'effet du *jetlag*, je pris le métro pour me rendre à la Casbah d'Alger.

Durant mon enfance, les adultes disaient que la Casbah d'Alger était un lieu malfamé où il ne fallait s'y aventurer, mais ils y allaient quand même. Ils se referaient sûrement à la Haute Casbah, celle des pauvres, des marginalisés, des maisons closes et des *Hozias* [2]. La Casbah des dédales, des ruelles en escalier où le moyen de transport se faisait à dos d'âne appelé « *Dab*[3] » ou à dos de portefaix appelé « *Hemmal*[4] ».

Ces adultes ne mentionnaient pont la Basse Casbah, celle des riches, du business, des vitrines flamboyantes, des prestigieux restaurants de la pêcherie, et des grouillants bistrots du Front de mer. La Casbah où du temps de Khedaouj Lamia[5], l'embrun de la méditerranée humectait la fragrance des fleurs de jasmin.

---

2 Milieu de la pègre.
   3 Âne
   4 Porteur
5 Khedaouj l'aveugle, fille de Hassan Kaznaji, trésorier du dey Hussein.

Terrasses de la Casbah. Sketch de Charles Bouty 1933

Image 2   Terrasses de la Casbah

Juchée en pente de 120 mètres de dénivelé sur le versant nord-est du Mont Bouzareah, la Casbah offre une vue panoramique sur la Baie d'Alger. Les murs externes de ses bâtisses interloquées, reflètent un blanc albâtre éclatant. Le site ensoleillé attire le regard depuis toute embarcation croisant la baie.

Théophile Gautier compare la Casbah à un amphithéâtre où la tête du plus bas est aux pieds du plus haut. (Gautier T.)

Revêtue d'un burnous blanc, d'un haïk blanc, ou de nuées de mouettes virevoltantes, la Casbah demeure blanche à distance et clair-obscur à proximité.

« Le voyageur qui d'un bateau l'aperçoit pour la première fois, admire toujours entre l'indigo de la mer et le bleu du firmament, cet amas de choses éblouissantes ».

(Desprez, 1868)

Il fut un temps où j'associais fermement la Casbah au roseau. Dans mon terroir d'enfance le terme « *gasbah* » signifie « roseau ».

Mon ancien copain Salah que j'appelais par son nom de famille au lycée, avait grandi dans la Haute Casbah. A l'indépendance du pays, ses parents comme beaucoup d'autres « *Casbadjis* [6] » investirent le quartier de Bab-El-Oued. Sa famille s'installa dans un des nombreux appartements désertés par les Pied-Noir.

Salah m'assura qu'il existait effectivement un lien entre le roseau et toutes les casbahs du monde. *El gasbah,* le roseau, matériau à bas coût avec propriétés ergonomiques, fut régulièrement utilisé pour la construction des toitures des premières casbahs et ceci après

---

6. Kasbajis : Habitants de la Casbah

l'arrivée de la langue arabe, car en Tamazight, le roseau se dit « *Aghanim* » et la forteresse « *Thighramth* ». Salah tenait cette information de son père et non de sa mère qui ne faisait pas de distinction entre roseau et bambou. Sa maman était Vietnamienne, elle n'avait jamais voyagé à l'étranger avant de venir à Alger. En Indochine, le Père Salah, un Kabyle soldat sous le drapeau français y avait rencontré sa future épouse. Salah avait les yeux bridés, on l'appelait « Le Chinois ».

Je me rappelle qu'au lycée, le « Professeur » d'Arabe, venu d'Egypte, affirmait que les Oulémas[7] définissaient le mot Casbah par : citadelle ou forteresse, par conséquent tout autre définition devenait caduque. Il ajoutait que l'association de la Casbah avec le roseau n'était que fabulation des Marabouts.

Toujours au même lycée, la Professeur d'histoire-géographie, venue de France, organisa une excursion qui nous mena à La Kalaa de Beni-Hammad. Elle nous expliqua que ce monument historique qui ne ressemblait

---

7. Oulémas : Membres de la dite Organisation religieuse, propageant l'idéologie d'un islamisme soft pour établir une théocratie a long terme. Dans leur quête d'arriver à leur but, ils n'écartaient pas, à priori une assimilation dans le system colonial.

guère à la Casbah, était en fait une citadelle ou forteresse, d'où son nom « *Kalaa* » en Arabe. Amplifiant l'embrouille, la « Professeur » d'histoire-géographie disait que La Kalaa fut édifiée par les Arabes, alors que les Beni Hammad étaient Berbères.

Je commençais à douter de l'objectivité de ces enseignants.

Le professeur d'Arabe prônait la suprématie de la langue qu'il enseignait jusqu'à dire que le mot abricot était d'origine arabe.

La Professeur de Français, venue de l'île des fleurs, s'identifiait à la Martinique, elle était citoyenne française. Cette dame me laissait utiliser son dictionnaire pour « découvrir les mots ». Elle aimait répéter cette expression. Je découvris donc que l'abricot, cultivé d'abord en Chine, tient son nom du grec (praecoquum). Le terme est passé au latin (praekokion), puis à l'arabe (el barkok), puis au catalan (albarcoc), puis au français (abricot). Dans le parler du Bled, l'abricot se nomme « *mechmech* » et la prune se nomme « *el barkok* ».

Bien des décennies plus tard, je compris que l'étude de l'histoire et de la géographie doit émaner de diverses sources, du présent, et du passé.

Image 3   Casbah Zengat Lahwanat

3 Icosim —Icosium

Icosim fut fondée par les Phéniciens ou Puniques, ce fut un comptoir situé en Numidie, territoire Berbère. Ce territoire se trouve en Afrique du Nord.

Ce comptoir est devenu Alger, fut successivement un port phénicien, carthaginois, romain, vandale, byzantin, arabo-musulman, français, et finalement algérien.

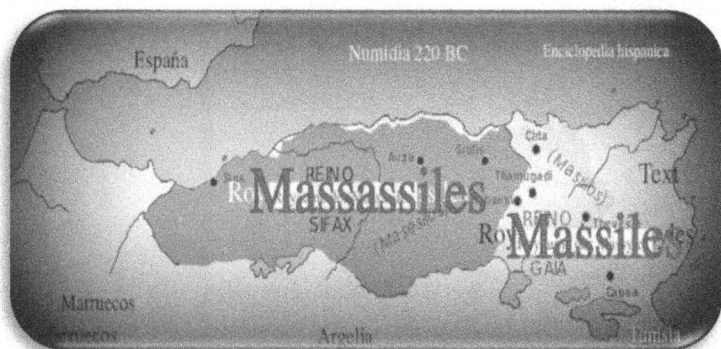

Image 4   Carte de Numidie

« S'il est une expression ambiguë c'est bien celle de Civilisation punique. Pour la plupart des historiens elle est la civilisation des Phéniciens d'Afrique, c'est-à-dire la civilisation de Carthage et des villes alliées ou sujettes, donc simplement une civilisation coloniale. Mais les spécialistes des origines berbères et les protohistoriens attachés aux problèmes proprement africains peuvent avoir une opinion quelque peu différente. Voilà plus de vingt-cinq ans que je dénonce ce travers, par ailleurs fort

compréhensible, qui ne fait voir dans la continuité africaine qu'une succession d'influences historiques étrangères, phénicienne, romaine, vandale, byzantine. Il fut facile à la jeune école historique maghrébine de dénoncer cette histoire entachée de colonialisme, mais nous la voyons sombrer dans le même travers lorsque, par souci d'unité nationale ou culturelle, elle oublie elle aussi les données fondamentales du peuplement nord-africain pour ne retenir que l'apport prestigieux de l'Islam confondu avec l'arabisme ». (Camps, Comment la Berberie est devenue Maghreb Arabe, 1983)

Vases peints de Tiddis. Dans les tombes numides (Bazinas) de Tiddis datées du IIIe siècle av. J.-C, on trouve une vaisselle semblable à celle des paysans kabyles d'aujourd'hui.

Image 5   Vases Numides

Numidie vient du Grec « *némeid* », signifiant faire paître, son dérivé « *nomas* », pluriel *nomasados*, fut utilisé

34

pour désigner des pasteurs de troupeaux en Afrique du Nord, ce terme donna en français : Nomades.

Tout de même, la racine NMD existe en Tamazight « *namad* » qui signifie « se diriger vers, aller droit vers ». Fort possible que l'homonymie avec « *nemeid* » ne soit que pure coïncidence.

La Numidie avait pour capitale Cirta, Constantine. Les tribus berbères de Tunisie étaient aussi Numides. Ces derniers se distinguent des Maures, Berbères regroupés en fédération à l'Ouest du Maghreb, ainsi que ceux que les Gétules implantés au Sahara. La Numidie a eu plusieurs rois, les plus célèbres étant Gaia, Massinissa, Micipsa, Jugurtha et Juba 1er. (Camps, Histoire de l'Afrique du Nord et du Sahara, 1993)

Ikosim, comptoir punique.

Ikosim est le nom phénicien ou punique que portait Alger aux origines de son histoire. Il signifierait île aux mouettes.

Punique signifie Phénicien en Latin, il vient du Grec « phonikeios », pourpre.

Les Phéniciens ne se définissaient pas eux-mêmes comme un peuple particulier, ils faisaient partie du groupe Canéen de la région de l'actuel Liban. Navigateurs et marchands audacieux, ils commercèrent à installer des comptoirs commerciaux le long de la Méditerranée, le plus important étant Carthage ou

Karthadas, signifiant Villeneuve en Phénicien. Ce comptoir devenu puissante métropole fut fondé vers 800 avant notre ère. (Fesouls, 1955)

Le comptoir de Carthage se développa en Civilisation carthaginoise.

Essor des Carthaginois

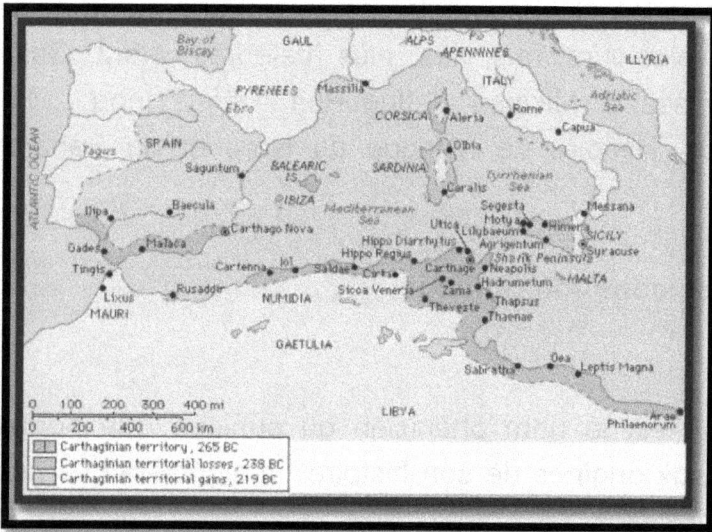

Image 6   Empire carthaginois

Carthage devint puissance maritime dominante, agrandit son influence sur toute la côte de la Numidie. Alger se consolide en relais maritime de part sa proximité avec Rusgunia, Tamentafoust.

Les vestiges archéologiques Puniques d'Ikosim sont rares, toutefois Gsell en a étudié quelques uns en 1918 pour donner un aperçu, parmi lesquels : Une stèle punique trouvée rue du Vieux Port en Basse Casbah.

STELE PUNIQUE   MONNAIE PUNIQUE

Image 7   Stèle punique

D'autres découvertes sont présentées par M. Le Glay :

« *Cette preuve qui manquait à Gsell et dont l'absence l'obligeait à s'en tenir à un pressentiment phénicien, une découverte effectuée en novembre 1940 dans le quartier de la Marine est venue nous l'apporter. Il s'agit de 158 pièces de monnaies puniques en plomb et en bronze, trouvées sur un chantier de la Régie Foncière, près du carrefour des anciennes rues Duquesne et de la Révolution. Elles sont toutes du même type. Elles ont toutes été frappées entre le milieu du IIe siècle et le milieu du Ier siècle avant J-C. Un personnage figurant sur les pièces est accompagné d'une légende composée de cinq signes, qu'il faut lire ICOSIM. Pour la première fois nous est ainsi fourni le nom punique de la ville, dont la forme Icosium, adoptée à l'époque romaine, n'est que la latinisation* ».Une autre trouvaille nous a fourni *quelques renseignements complémentaires sur la vie et les relations à Icosim. Il s'agit du puits du Quartier de la Marine. »*

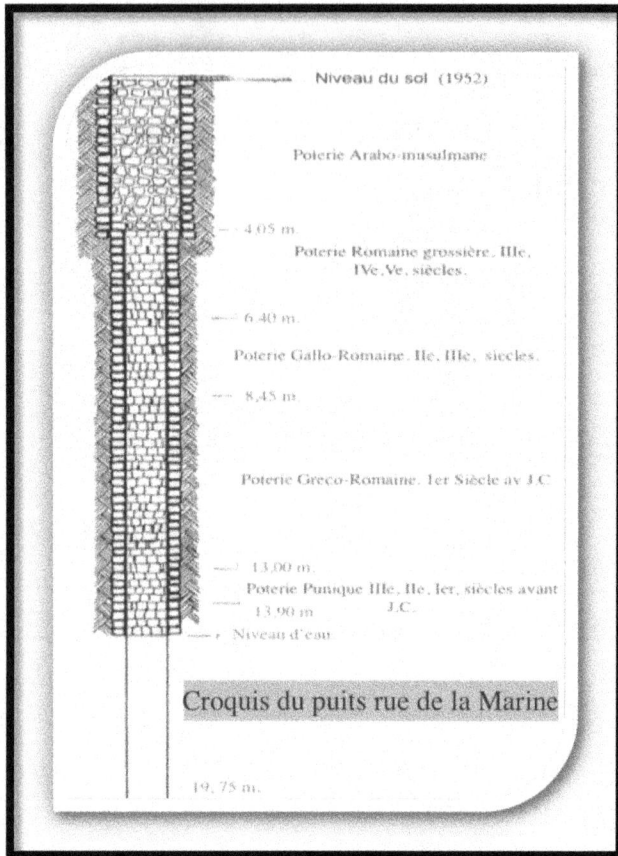

Niveau du sol (1952)

Poterie Arabo-musulmane

4.05 m.

Poterie Romaine grossière. IIIe, IVe, Ve, siècles.

6.40 m.

Poterie Gallo-Romaine. IIe, IIIe, siècles.

8.45 m.

Poterie Greco-Romaine. 1er Siècle av J.C

13.00 m.
Poterie Punique IIIe, IIe, Ier, siècles avant
13.90 m.   J.C.
Niveau d'eau

Croquis du puits rue de la Marine

19, 75 m.

Image 8   Puits de la Marine

C'est en décembre 1952 qu'à l'emplacement de l'actuel bâtiment du Trésor, avenue du 1er Novembre, fut découverte, lors de l'implantation des piliers de béton armé, une ouverture de puits qui se trouvait à environ 2 m au-dessous du remblai, nous avons pu, Louis Leschi et moi-même, effectuer la fouille d'un puits qui nous a emmenés jusqu'à 14,50 m de profondeur. On sait seulement que le fond était à plus de 19,75 m du sol moderne. L'intérêt de la découverte de ce puits réside dans les poteries qu'on a pu en extraire.

On a pu ainsi repérer — pour ce qui regarde l'Antiquité — trois niveaux bien distincts :

a) au fond, au-delà de 13 m: des poteries noires, grises et blanches. La poterie noire et grise est représentée par des fragments qui sont d'un intérêt exceptionnel, puisque les tessons à vernis noir proviennent de vases campaniens datables des IIIe, IIe et Ier siècles avant J.-C. C'est-à-dire qu'ils nous reportent à une époque plus haute que les monnaies puniques d'Icosim et qu'ils attestent dès ce moment des relations commerciales soit avec l'Italie du Sud, soit avec les colonies grecques du Sud de la Gaule ou de la côte orientale de l'Espagne.

b) plus haut, entre —13 m et —8,45 m, la poterie est toute différente : c'est de la poterie rouge, vernissée et de qualité. Elle appartient à trois variétés. On y reconnaît d'abord de la poterie d'Arezzo, dont la pâte rouge, solide et sonore, protégée par un vernis inaltérable et ornée de reliefs, acquit une grande renommée dans le monde romain. Elle accapara, on le sait, la clientèle du dernier tiers du Ier siècle avant J.-C. jusqu'aux Flaviens, c'est-à-dire jusque vers 75 de notre ère. Vient ensuite la poterie gallo-romaine des ateliers de Lezoux et de la Graufesenque qui supplante la première à partir des Flaviens. Elles datent du IIe siècle -début du IIIe siècle après J.-C.

c) enfin plus haut, entre —8,45 m et —6,40 m, on ne rencontre plus que de la poterie romaine courante, de

plus en plus grossière ; la pâte est de moins en moins sèche et sonore, elle contient de plus en plus d'impuretés. Il n'y a plus de vernis. Il n'y a plus de décor en relief. Nous sommes aux 3ème, 4ème et 5ème siècles ».
(Glay, 1968)

Les démolitions massives de la Basse Casbah et les excavations pour de nouvelles constructions par les Français après 1830, ont permis aux archéologues et historiens de retracer les différentes étapes d'évolution de la cité « Alger ». Des noms proéminents: Père Hardouin, Dr. Shaw, Berbrugger, de Devoulx, de Gavault, de S. Gsell et de L. Leschi, R. Lespès, le Glay, parmi d'autres, sont cités aujourd'hui comme références incontournables de l'histoire antique d'Alger.

Les profondes excavations entamées dans les années 2000 lors de la construction du Metro d'Alger semblent dévoiler de nouvelles découvertes archéologiques. Voilà ce qu'annoncent les journaux :

« Les fouilles archéologiques à la place des Martyrs s'inscrivent dans une dynamique qui réunit la découverte, la sauvegarde et la promotion d'un patrimoine culturel plus que millénaire avec les impératifs du développement économique de l'Algérie dont la construction du métro d'Alger... Depuis 1995 jusqu'aux sondages de diagnostic réalisés en 2009, la basse Casbah a été un champ de découvertes archéologiques conséquent.

En effet, des vestiges de différentes périodes, ottomane, médiévale et même de l'Antiquité, constitués essentiellement de restes d'aménagements urbains, d'habitats et de constructions publics avec des sols mosaïqués et une nécropole, ont été mis à jour.

Des découvertes inestimables qui ont astreint le ministère des Transports à revoir le plan initial de la station de métro de la « place des Martyrs », de manière à préserver le patrimoine historique de la ville.

Initialement prévue sur 8.000 m2, l'emprise de la station de métro a été réduite à 3.250 m2. Ce qui a permis au ministère de la Culture d'enclencher une grande opération de fouilles archéologiques préventives.

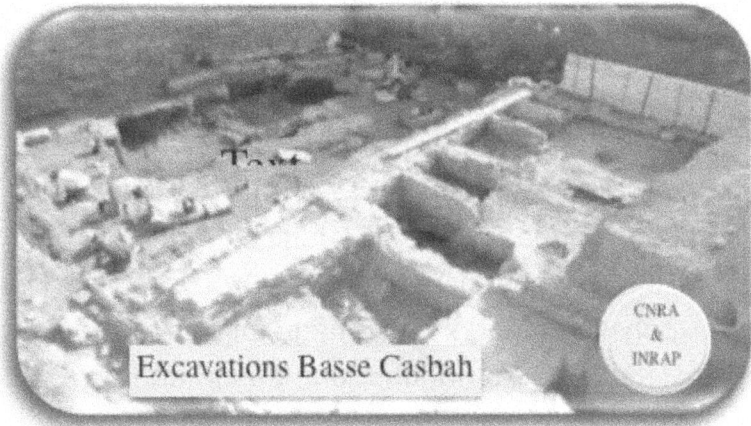

Image 9   Excavations Basse Casbah

Le Centre national de recherche en archéologie (CNRA) et l'Institut national français de recherches archéologiques préventives (INRAP) ont mis sur pied une équipe d'archéologues et de spécialistes dans divers domaines pour mener à bien des recherches scientifiques. »

(Mourad Mancer, 2016)

Une équipe franco-algérienne a mis en valeur des vestiges archéologiques conservés sur plus de 7 m d'épaisseur. Les dépôts des différents vestiges s'échelonnent sur une période de plus de 2.000 ans. Ceci confirme, les découvertes faites dans le fameux puits de la rue de la Marine par Le Glay et Louis Leschi en 1952.

Selon les analystes, le quartier en question semble avoir été abandonné à la fin du 5ème siècle. Les indices historiques pointent vers l'occupation vandale de l'Afrique du Nord. (CNRA, 2015)

Au 7ème siècle, une vaste nécropole recouvre la zone sous étude. L'orientation des tombes est-ouest laisse déduire la fin de l'ère byzantine.

Carthage, devenue puissance maritime, développa la civilisation Carthaginoise ou Punique qui domina le Bassin Méditerranéen pendant plusieurs siècles. Dans son expansion impériale, Carthage installa une série de relais distants de 25-45 kms tout le long du littoral Sud-Méditerranéen. Cette distance étant l'équivalent d'une journée de navigation journalière d'une balancelle. Ces relais ou « échelles puniques » assuraient refuge, ravitaillement, asile, et troque.

(Moscati, 1971)

Après la défaite Punique face aux Romains en 146 avant notre ère, Carthage fut démolie. Scipion ordonna la ville symboliquement parsemée de sel pour effacer toute trace de la civilisation punique.

Durant cette période de transition, Ikosim était sous la dominance des rois Berbères de Maurétanie alliés de Rome comme Ptolémée fils de Juba II.

La conquête du reste de l'Afrique du Nord se fit graduellement et par étape. Ce n'est qu'en l'an 40 de notre ère que Rome annexa toute la région, près de deux siècles après la prise de Carthage. L'empereur romain Caligula fait assassiner Ptolémée à Lyon, l'annexion par Rome de la Maurétanie s'en suivie. La Maurétanie est réduite en province romaine avec pour capitale Caesarea[8]. Icosium est désormais cité romaine. (Suetone, 2000).

Maurétanie ou Maurusia en grec, à ne pas confondre avec Mauritanie « i » et non « e » à la cinquième lettre, nom donné par les Français en 1904 au pays dont la capitale d'aujourd'hui est Nouakchott.

Après l'annexion romaine, Ikosim devin Icosium, cité de la province Maurétanie Césarienne.

(Bridou, 2006)

Icosium Romaine

Suite à l'alliance scellée entre Massinissa et Scipion l'Africain contre Carthage, la ville passa sous influence romaine vers 202 avant notre ère.

Le nom d'Ikosim prend sa forme romanisée, Icosium, sous Juba I et Ptolémée. Les tribus Berbères Zénètes étaient très nombreuses dans les environs d'Icosium.

---

[8] Cherchelle

Pour les contenir Ptolémée de Maurétanie fera transférer une partie des Maghraouas vers le Chleff. Il dut combattre les Berbères soulevés par Tacfarinas, dans cette même période.

Vespasien[9] établit une colonie à Icosium pour arrêter les révoltes. Après la révolte de Tacfarinas, Firmus, général berbère, natif de la région de l'actuelle Boumerdes, détruit Icosium en y mettant le feu avec l'aide de toutes les tribus berbères qui vivaient dans les montagnes environnantes. C'est vers le 5ème siècle que le christianisme s'introduit à Icosium.

Comme Ikosim, l'étendue d'Icosium se limitait à la Basse Casbah d'aujourd'hui. Une enceinte fortifiée délimitait le contour de la ville sous forme de rempart, fut en partie détruite par Firmus à la fin du 4ème siècle.

(Druy, 1870)

---

[9] Vespasien: Empereur Romain

44

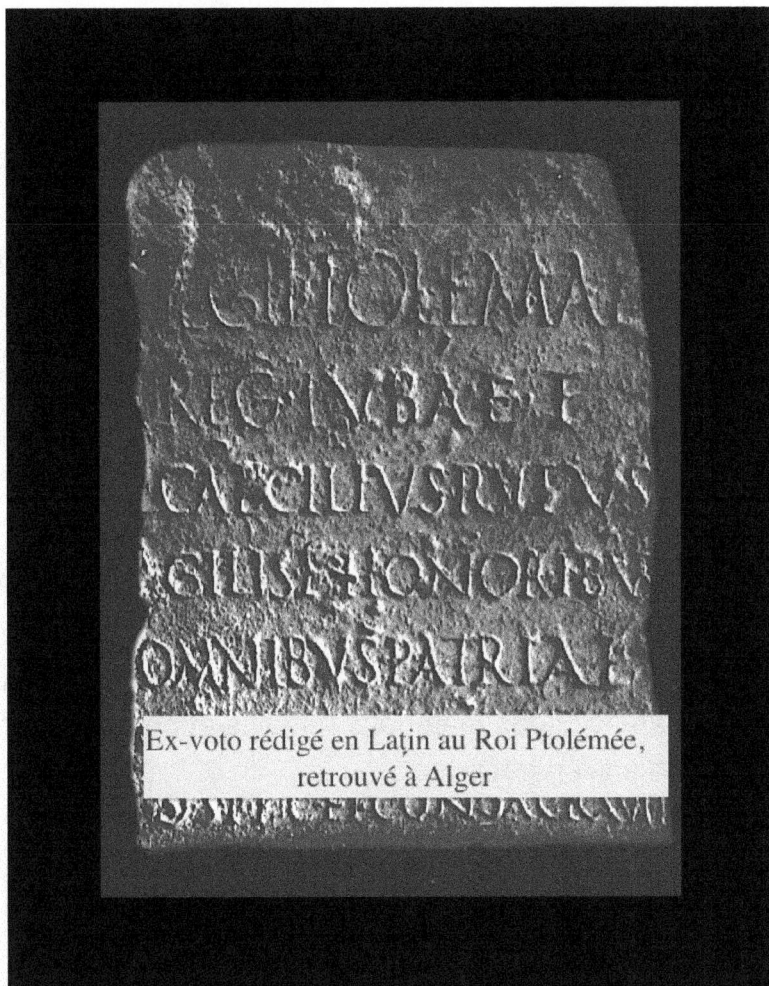

Ex-voto rédigé en Latin au Roi Ptolémée, retrouvé à Alger

Image 10   Ex-voto Ptolemee

Après 1962, un ex-voto rédigé en Latin au Roi Ptolémée, fut trouvé dans l'ancien commissariat de Police, rue Haj Omar, en face de la Mairie d'Alger. En complétant les lettres disparues, l'épigraphie peut se traduire en :

« *Au roi Ptolémée, fils du roi Juba, Lucius Caecilius Rufus, fils d'Agilis, après avoir exercé toutes les charges de sa patrie, a pris soin de faire ériger à ses frais (cette base) et l'a consacrée* ».

Un fragment de plaque dédiée aussi à Ptolémée fut trouvé incrusté dans le minaret de la Grande Mosquée d'Alger, rue de la Marine.

Gsell notait déjà que « l'espace circonscrit par le rempart antique-paraît avoir correspondu à peu près à l'ancienne Dzayer des Mezghana. (Glay, 1968)

Plusieurs vestiges romains ont été répertoriés. Le Glay note :

- Au fond des arcades qui supportent une partie de la Grande Mosquée du côté de la mer, on trouve un ancien rempart sans rapport de construction avec ces arcades et qui, s'il n'est pas romain, a du moins été bâti avec des matériaux romains et probablement sur un ancien tracé.

- Dans la partie supérieure de la rampe Valée, près de la prison civile, on a retrouvé sous le rempart turc les restes d'un mur, épais de 1,45 m, en petits moellons liés au ciment, sur 100 à 150 m. Il paraît bien s'agir ici du rempart romain. Près de l'angle de la prison civile, une saillie carrée pourrait être un reste de tour.

- Mur en blocage à l'angle de la rampe Valée et de la rue Randon.

- Dans le ravin qui sépare le lycée Bugeaud de la mosquée de Sidi Abderrahmane, fragment de tour ronde, de 6 à 9 m de diamètre.

- Sous l'angle sud-ouest du lycée Bugeaud, à 4 m de profondeur, un gros mur en moellons, épais de 1,90 m, d'une excellente construction, orienté à peu près nord-sud.

- Au Square Bresson, en 1870, lors de la démolition de l'ancienne caserne des janissaires de Bab-Azoun, on a trouvé, entre cet édifice et la halle aux grains, un gros mur, de blocage très dur dont l'origine romaine paraît probable. (Berbrugger A. , 1845)

Les Romains n'enterraient pas leurs morts à l'intérieur des cités, mais ils le faisaient aux alentours de celles-ci. Les emplacements de monuments funéraires et nécropoles sont des repères adéquats pour circonscrire les limites de leurs villes.

Monuments funéraires et nécropoles

Image 11   Nécropole Icosium

Aux environs de la porte Bab-Azoun, place de la République et du Square Bresson, ont été découverts des tombeaux antiques.

- Peu après la conquête d'Alger, sous l'esplanade de Bab-El-Oued, après la destruction du cimetière des deys, on découvrit un cimetière romain. A 6 mètres de profondeur, a été trouvée en 1868, une tombe creusée dans le roc et fermée par de grandes tuilesUne véritable nécropole a été découverte avenue Bab-el-Oued, près du Kursaal en face de l'entrée du jardin Marengo entre 1903 et 1912. Elle comprenait outre des fosses à un seul corps, avec toiture de tuiles disposées en dos d'âne, des caveaux maçonnés, précédés d'un puits rectangulaire, fermé par des dalles. Ce sont des chambres sépulcrales (l'une de 2,52 m sur 2,40 m et l'autre de 2,05 m sur 1,98 m), voûtées en berceau et assez hautes. Une banquette courait le long des parois. Et dans les murs étaient creusées des niches : l'un d'eux comportait six niches destinées aux urnes cinéraires.

- Au lycée Bugeaud, en creusant les fondations on a rencontré, sous des tombes arabo-musulmanes et à 8-12 mètres de profondeur, des sépultures romaines en maçonnerie en outre de trois tombeaux plus importants.

- Icosium était le cœur de la « cité», mais en dehors de l'enceinte se trouvaient de somptueuses villas. Plusieurs indices supportent cette thèse.

- Une sculpture en marbre, de tête de femme fut trouvée dans les fondations d'une maison de la Haute Casbah.

- Une autre tête de femme se trouve au musée Stéphane-Gsell. La chevelure de la femme porte une couronne d'épis, symbole de la moisson.
- Une statue de la tête de Pomone, déesse des fruits qui préfère les beaux jardins, fut découverte à El Biar.
- Berbrugger signale un vaste bassin ovale, pavé en mosaïque, découvert dans la grande allée du Jardin d'Essai avec une construction romaine, de 5 m de côté, à l'angle sud-est de ce jardin.
- La tête du buste de l'empereur Hadrien, trouvée en 1870, à Belcourt, devait, selon S. Gsell, décorer une riche villa sur la route d' Icosium à Rusguniae.

Mosaïque de Rusguniae. Tamentafoust

Image 12   Mosaïque Rusguniae

Les sépultures de ces femmes représentent des divinités de jardins et de vergers. Leurs sanctuaires se trouvaient en zone rurale, dans des villas et maisons de campagne.

A une quinzaine de kms d'Icosium se trouvait Rusguniae, aujourd'hui Tamentafoust. Cet ancien comptoir phénicien fut la ville jumelle d'Icosium. Sa baie l'abritait des vents de l'Est, par contre la baie d'Icosium l'abritait des vents de l'Ouest. (Berbrugger A. , 1845)

De nombreux tronçons de routes ont été découverts lors d'excavations pour des travaux de construction. (Le Glay)

Plusieurs vestiges de demeures et ornements Romains ont été découverts à l'intérieur de la cité.

A. Berbrugger en a répertoriés plusieurs :

- Rue de la Marine, fûts de colonnes, fragments d'entablement, morceaux d'inscriptions. Selon l'auteur, il s'agirait de « débris de la vaste église ».

- A l'angle du boulevard des Palmiers et de la rue de la Licorne, les vestiges d'une maison romaine décorée d'une mosaïque ornementale. Sous 5 m de remblai se trouvait une salle carrée de 3,50 m de côté, ornée de mosaïque noire et blanche.

- Sous l'ancienne Bibliothèque, fut découverte une mosaïque et une tête en marbre.

- Entre le boulevard de la République, la rue Duperré et la rue Lamoricière, deux citernes, des caveaux et divers débris antiques furent découverts en 1870, à 4 m au-dessous du sol.

- Sous le Palais consulaire, deux murs en pierres de taille ainsi que le bas de statue féminine en marbre blanc fut trouvé en 1844 à la rue des Consuls.

Au début de l'occupation Romaine, les habitants d'Icosium étaient administrativement rattachés à la colonie d'Ilici[10], Elx, en Espagne. Selon toute vraisemblance la population était composée en majorité de pérégrins[11].
(Pline, 1980)

Entre 33 et 25 avant notre ère, l'empereur Auguste installe sur le territoire de la cité pérégrine d'Icosium des légionnaires démobilisés, mais sans y créer de colonie. Cette cite pérégrine possédait ses institutions propres et ses magistrats. Certains des citoyens pérégrins, notamment les notables locaux avaient reçu à titre individuel la citoyenneté romaine. A partir de 40, les descendants des vétérans installés à Icosium dans la période d'interrègne, cessèrent d'être rattachés à Ilici. Un changement intervint sous l'empereur Vespasien qui accorda à la cité le statut de colonie latine. Les pérégrins furent élevés collectivement à la citoyenneté romaine. (Jacques, 2004)

Vandales et Byzantins

Sous la conduite du roi Hasting Genséric, des groupes de Vandales, d'Alains et de Suèves, traversèrent en 429

---

10 Aujourd'hui Elx, Espagne
11 Dans la Rome antique, toute personne libre qui ne possédait pas la citoyenneté romaine.

le détroit de Gibraltar débarquant en Afrique. Ils réussirent à y fonder un royaume puissant et à conquérir grâce à leur flotte une grande partie du monde méditerranéen occidental.

Le général Salomon inspecte la construction d'une forteresse

Deux soldats byzantins surveillent les travailleurs berbères

Extrait d'un livre scolaire d'histoire

Image 13   Byzantins

En 442, un traité entre Romains et Vandales permet aux Romains de récupérer Icosium. Après 533, la cité sous contrôle Byzantin est attaquée par des tribus Berbères. En 533, le royaume des Vandales fut anéanti par l'armée byzantine. Les guerriers vandales furent incorporés dans l'armée byzantine. Spécialement à Bejaia qui fut pour une certaine période la capitales des Vandales.

Après 533, la ville, à peine contrôlée par les Byzantins, est attaquée encore par des tribus Berbères.

(Garette, 1858).

4 Les Arabo-Musulmans

Au 6ème siècle, les longues guerres entre Perses et Byzantins ont laissé ces deux puissances au bord de l'effondrement. L'épidémie de la peste, partie d'Egypte, gagna l'Afrique du Nord, la Syrie, Constantinople, puis l'Europe où certaines régions et villes furent décimées. Ces calamités créèrent un vide que vinrent combler les aspirations de nouveaux conquérants, notamment les musulmans.

(Lucenet, 2010)

Durant cette même période, l'Afrique du Nord sous dépendance Byzantine est traversée par d'incessantes insurrections berbères. Les tribus appartenant aux différentes confréries n'étaient pas durablement unifiées. Elles répondaient au rapport de force en nouant et rompant des alliances éphémères. (Leroux, 1830).

Vers 670, Okba[12] arriva à Biskra à la tête d'une armée envoyée par le calife Omeyade.

Ainsi s'entama l'occupation de l'Afrique du Nord par les forces armées musulmanes sous commandement arabe. La conquête, ou « *foutouh[13] el Islam* » selon l'euphémisme islamiste, fut une suite de raids, de razzias. Après le premier raid, les musulmans repartirent

---

[12] Okba: Chef de guerre arabe, envoyé en 670 à la tête d'une armée musulmane, par le calife omeyyade de Damas pour conquérir le Maghreb

[13] Propagation de l'Islam

au Proche-Orient pour y revenir avec une plus grande armée.

Il n'était pas question de missionnaires propageant pacifiquement une religion. Il s'agissait de butin à acheminer vers le califat du Proche-Orient.

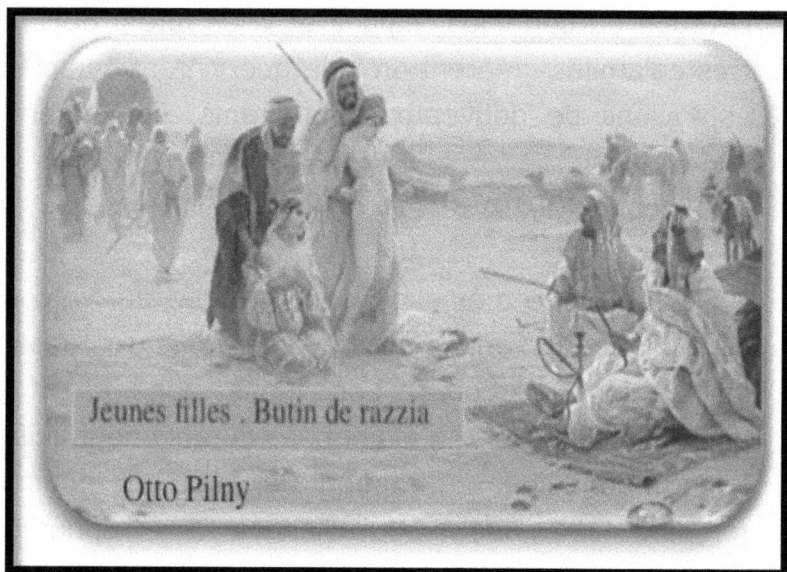

Image 14   Razzia

La conquête de l'Afrique du Nord ne fut pas une chevauchée héroïque telle qu'illustrée dans les livres scolaires des pays musulmans.

Au début de cette invasion, les Berbères semblaient être favorables à la démisse des Byzantins et leurs exactions. Ils essayèrent d'accommoder les nouveaux venus, mais ils se rendirent compte que les musulmans étaient là pour le long terme.

Parmi le butin de guerre, figurait un grand nombre d'esclaves sous les successifs Gouverneurs du Maghreb. Ils furent 80.000 du temps de Okba, 35.000 sous Benaman, 100.000 sous Bennacer. Parmi ces esclaves figurait un grand nombre de femmes, dont la beauté était appréciée dans les palais des califes et des chefs de guerre.

(Ibn-Adhari, 1848-1851)

Résistance Berbère

Les Byzantins étaient en « mode débâcle ». Dans la foulée, les exactions et humiliations proférées par les chefs arabes envers la population locale, les Berbères, conduisirent ces derniers à la résistance. Aksil ou Koceila, chef berbère, humilié par Okba, n'oublia pas cet affront, il prit sa revanche des années plus tard en tuant ce dernier au champ de bataille. Aksil marcha sur Kairouan et s'empara de la cité. Ce qui restait de l'armée musulmane se retira jusqu'en Cyrénaïque. Campagnes et expéditions se succèdent presque annuellement. Koceila meurt en 686, Carthage est prise par les musulmans en 693 et Tunis fondée en 698. (Mercier, 1888)

Image 15   Forteresse d'Aksil

Image 16   Statues d'Aksil et de Dihya

Pendant plusieurs années, la résistance berbère fut reconduite par une femme, de la tribu berbère des Aurès, Dihya ou La Kahina. Cette dernière tomba au champ de bataille en 704.

Après cette date, les Berbères et les résidus de minorités grecques, byzantines et autres, trouvèrent leur compte en se convertissant à l'Islam, qui pour le partage de butins, qui pour exonération fiscale, qui pour le maintien de leur statut d'élite, qui sous le sabre.
(Moderan, 2005)

Les néophytes du Maghreb formèrent des groupes autonomes dont certains prêtèrent allégeance aux dirigeants Arabes. Ces derniers clamaient la bénédiction divine de part leur origine liée à celle du prophète. Ce statut régionaliste leur conféra « un sésame » pour le leadership des pays soumis à l'Islam, terme qui signifie littéralement « soumission » en langue arabe.

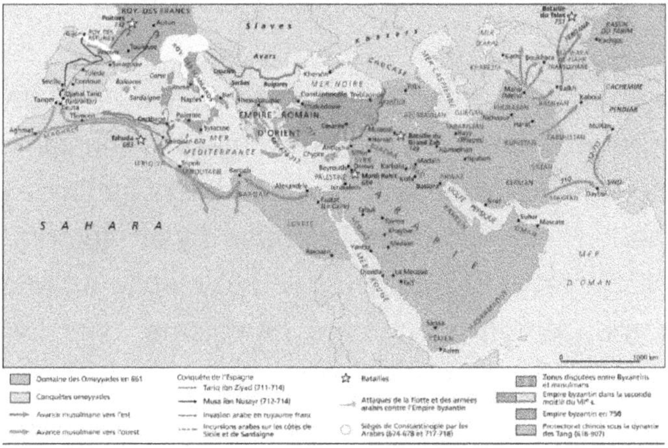

Image 17   Empire arabo-musulman

Graduellement les Arabo-musulmans sous le Califat Omeyade conquirent l'Afrique du Nord et une bonne partie de la Péninsule Ibérique. Puisque les Omeyades avait leur capitale à Damas, ils puisèrent largement dans la population locale pour le recrutement de leur armée. Parmi les 27 000 soldats syriens, 6000 étaient de Damas, 6000 de Homs, 6000 du Jourdain, 6000 de Palestine, et 3000 d'Alep. Après la conquête Ibérique, grand nombre de soldats syriens furent appelés pour combattre les révoltes des guerriers berbères.

Cependant, les rivalités internes de leadership disloquèrent la matrice initiale de cohésion pour donner de multiples : Califats, Royaumes, Dynasties, Emirats, Sultanats, et mouvements indépendants. Ces différents groupes se faisaient souvent la guerre.

En 705, le Maghreb, depuis Kairouan jusqu'à Tanger, devient un gouvernorat dirigé par Bennasser. (Lugan, 2013)

Révolte des Berbères musulmans Kharijites

Une autre guerre, à plus grande échelle, éclata en 739, entre Berbères musulmans et Arabo-musulmans. Les principales causes de la révolte étaient l'attitude des gouverneurs omeyyades de Kairouan ayant autorité sur tout le Maghreb et El Andalous. Cette révolte fut menée par un mouvement dénommé "Karijisme" signifiant : séparatisme dans un sens religieux.

Le Karijisme, propagé par des prédicateurs venus du Moyen-Orient, prône une forme puritaine de l'islam, en promettant un nouvel ordre politique, où tous les Musulmans sont égaux, indépendamment de leur origine ethnique, leur statut d'appartenance clanique ou tribale, et leur lignée familiale.

Bien que soumis à l'Islam, au début de la conquête musulmane, les MNA « Musulmans-Non-Arabes », étaient en général soumis à l'arbitraire et la discrimination :

— Les commandants arabes traitaient leurs auxiliaires MNA avec dédain et ingratitude.

— La plupart des gouverneurs arabes continuaient de percevoir l'impôt « Jyzia[14] » sur les MNA.

— Maintient de l'esclavage sur une partie de la population MNA. Cette pratique devint commune pendant les califats de Walid et de Souliman.

— Les guerriers berbères MNA participent à la plupart des combats de la conquête musulmane en Péninsule Ibérique, mais ne reçoivent qu'une part réduite du butin.

— Ces guerriers sont souvent affectés à des tâches dangereuses, placés en première ligne de combat.

— Le gouverneur Yazid Ben Mouslim, rétablit la jizya et humilia sa garde berbère en marquant au fer leurs mains.

La fin de la grande révolte berbère se situe autour de 742-743, après l'échec des armées berbères à Kairouan.

---

[14] Jyzia : Dans un pays sous domination musulmane, impôt annuel collecté sur les hommes pubères non-musulmans (dhimmis) en âge d'effectuer le service militaire.

Des siècles plus tard, une bonne partie du Maghreb est morcelée en plusieurs États berbères indépendants. Paradoxalement ces dynasties berbères devinrent le fer de lance de l'arabo-islamisme qui a faillit anéantir l'identité berbère. (Delcambre, 2003)

A partir de 744, un statu quo, sur fond d'escarmouches tribales, s'instaura au Maghreb et ce pendant la lutte pour le califat entre Omeyades et Abbassides au Proche-Orient. (Ivan, 1992)

Vers 747, le clan Abbasside se révolte contre le calife Omeyade Après trois ans de combat, les Abbassides prirent le dessus. Ils massacrèrent quasi la totalité de la famille Omeyade. Cependant, il semble qu'un survivant nommé Abderahman, réussit à s'enfuir vers la péninsule Ibérique où il établit un émirat à Cordoue. En 929, un descendant de cet émir se proclama Calife de Cordoue.

En Andalousie, à la suite de son éclatement à partir de 1031, le califat fut disloqué en 23 petites monarchies indépendants (Reyes de taifas). Leurs gouverneurs se proclamèrent indépendants et lièrent des relations diplomatiques avec les royaumes chrétiens.
(SUNY Press, 1994)

Bologhine Ziri des Ait Mezghane

La population de la région d'Icosium, la Mitidja, était un territoire berbère appartenant à la confédération

Sanhadja, selon Ibn Khaldoun. Elle était dirigée par Ziri Ben Menad.

Icosium se trouvait dans la continuation de la Mitidja, plaine de terres fertiles.

Le terme « Mitidja » tient son nom de Tamazight[15] « *Itijj* » qui signifie « soleil » et *yemitij* signifie : ensoleillé.

(Gautier E. , 1964)

Au 10ème siècle, Icosium en ruine était occupée par les Berbères Ath Mezghen de la confédération Sanhadja. Bologhine fils de Ziri est issu de cette tribu qui a laissé sa marque sur l'historie d'Alger.

Mezghen vient du mot « Imazighen », pluriel d'Amazigh ou Berbère. Avec l'arabisation des noms Berbères, repris par les Ottomans et les Français ; Ath Mezghen est devenu Beni Mezghana.

Vers 960, Bologhine, potentat de la région, consolida son territoire en restaurant trois anciennes cités romaines : Icosium, Manliana[16], Medix[17]. En hommage à son père Ziri, Bologhine rebaptisa Icosium : Cité des

---

[15] Tamazight: Langue des Amazighs

[16] Aujourd'hui Meliana. Ce nom d'origine latine est attribué à une riche Romaine, Manlia, propriétaire d'un vaste domaine dans la vallée du Chelif. L'appellation fut arabisée pour donner « Meliana » qui signifie « pleine ».

[17] Aujourd'hui Médéa, le nom d'origine latine est attribué à une localité romaine nommée Medix ou à mi-chemin.

« Ath Ziri ». À travers les siècles, ce nom fut altéré en : *Tzayer, Dzayer, Jazayer* des Beni Mezghghenna, et finalement El Jazair.

Cette dernière appellation est le résultat d'un pétrissage linguistique pour produire un néologisme qui signifierait « les îles » en Arabe. Cependant, en langue Arabe, les règles de la lexicologie et de la grammaire ne permettent pas la formation du pluriel du mot *Jazira* en *El Jazair*, car selon la grammaire de la langue Arabe, le pluriel de *Jazira* est *Jouzour*.

(Cheriguen, 1993)

Vers 1068, dans sa Description du Maghreb, Bekri, fait référence à Jazayer Beni Mezghanna et non El-Jazair.

(El-Bekri, 1831)

Aujourd'hui, un village nommé Mezghana se trouve à environ à 70 kms au sud-est d'Alger. De même que le "Djebel Mezghena" montagne située sur la partie supérieure de "Oued Isser".

Dans le sillage des arabisants qui ont transcrit Dzayer en El Jazair, les voisins de l'autre rive de la Méditerranée ont dénaturé ce toponyme devenu Arguel en Catalan, Argel en espagnol, Algieri en Italien, Algérie en   Français.

(Aristide, 1841)

Bologhine qui estampilla la ville d'Alger au nom de son père Ziri, fit de même pour la dynastie Ziride. Il fut nommé gouverneur du Maghreb par les Fatimides installés en Egypte. Cette dynastie vassale des Fatimides en Egypte, régna sans partage sur la partie

Est du Maghreb pendant près de deux siècles. Entre-temps, Alger tomba sous la domination des Almoravides ou *El-Mourabitne, Marabouts, Imravdhane.* Ces derniers, des Berbères Sanhadja régnèrent sur le Maghreb de l'Ouest y compris Alger de 1063 à 1102. (Elisseeff, 2017)

Alger sous les Almoravides

Le mouvement almoravide est né vers 1040 sur l'île de Tidra au large de la Mauritanie. Ibn Yasin, amazigh originaire de Sousse, y fonda un Ribat qui fut à l'origine de la dynastie des Almoravides vers 1035.

D'après Bekri, « *Yassin est savant au regard des Sahariens ignorants, mais de la science d'un petit lettré du Sousse, Maroc, pourvu d'un mince bagage, très amateur de femmes ; habile meneur d'hommes plus qu'un doctrinaire. Il fonda le premier Ribat* »
(Julien, 1966)

Les Almoravides marquèrent leur passage par la construction de la Grande mosquée d'Alger, *Djemaa El Kebir*, et l'établissement du rite musulman Maliki[18]. Un des plus anciens édifices de la Casbah, 2.000 mètres carrés, érigé sur les ruines d'une basilique chrétienne vers 1097 par les Almoravides. Son minaret date de 1324.

---

[18] Maliki: completer

Après de multiples restaurations, cette Grande Mosquée d'Alger est toujours en activité à la rue de la marine.

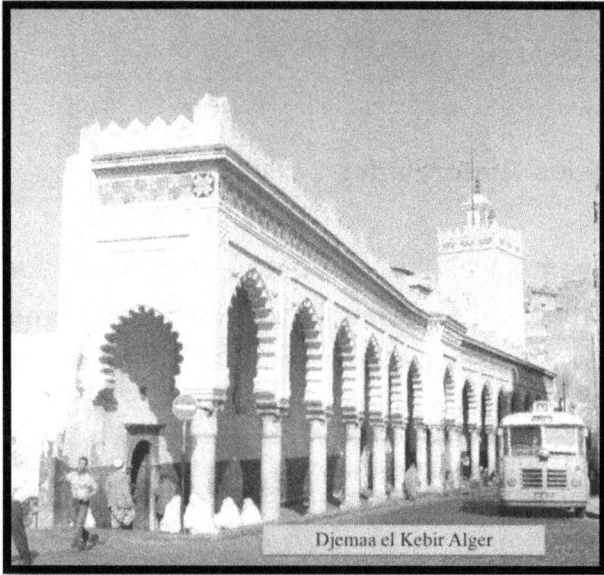

Image 18   Djemaa El Kebir

Vers 1046, les Zirides rejetèrent la tutelle Fatimide, abandonnèrent le Chiisme et se rallièrent aux Abbassides de Bagdad.

En représailles, les Fatimides envoyèrent vers 1052 les tribus bédouines Beni Hillal et Beni Slimane pour déstabiliser le Maghreb.

(Rodinson, Les Almoravides, 2017)

Beni Hillal et Beni Slimane

Peinture par Leon

Image 19   Les Beni Hillal

La confédération des Béni Hillal, originaires du Nejd, regroupe les tribus : Zoghba, Riah, Bedj, Youchem, Khlot, Rebia, Addi. Leur parcours de bédouins les mena jusqu'aux confins des actuels Irak et Syrie pour pratiquer razzia et brigandage. Derniers convertis à l'Islam, ils participèrent vers 930 au pillage de La Mecque.

Les Fatimides, fondateurs du Caire en Egypte, s'empressèrent de cantonner les Beni Hillal sur la rive droite du Nil dans le sud du pays.

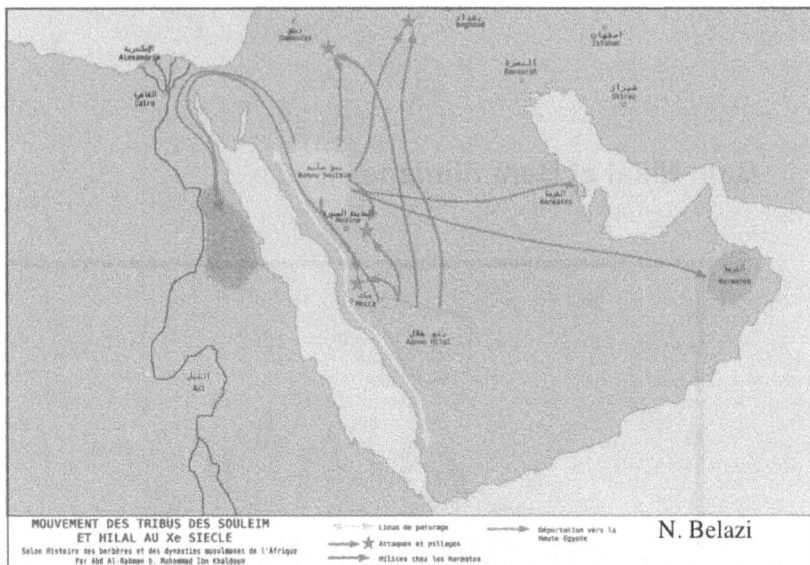

Image 20   Mouvements des Beni Hillal

Quelques années plus tard, les Beni Hillal furent rejoints par les Beni Slimane, similaire parcours et origine. Ils marquent tous une halte à Barka en Tripolitaine. Sous la direction Zyad Hillali, ils pénètrent en 1051 en Tunisie.

Une partie des Zirides se retira en Andalousie. Une branche de la famille, les Hammad, reconnaitra la légitimité des Abbassides et fonda sa propre dynastie avec pour Capitale Kalaa des Beni Hammad Msila.

Après un revirement d'alliance, et sous la menace des Beni Hillal, les Beni Hammad se déplacèrent plus au Nord vers Bejaia pour en faire leur Capitale. Cette dynastie gouverna ce qui est aujourd'hui l'Algérie du Nord pendant prés de 150 ans.

Cependant, Les incursions des Bédouins affaiblissent les Beni Hammad jusqu'à leur défaite à l'arrivée des Almohades qui régnèrent de 1152-1247.

C'est vers cette époque qu'Alger prit le nom d'El-Jazair.

Les Béni Hilal, après leur sac de Kairouan en 1057, poursuivent leur déprédation jusqu'à la prise de Bejaia. L'anarchie et dévastation causées par les Hillal touchèrent campagnes et cités. (Hachim, 2008)

Selon Ibn Khaldoun :

« Ces Bédouins arabes ayant enlevé aux Berbères toutes les villes établirent leur autorité sur les lieux que le Calife leur avait assignés, et firent subir sans relâche à leurs nouveaux sujets, toutes espèces de vexations et de tyrannie… Expulsés bientôt des grandes villes, dont ils avaient poussé à bout les habitants, par leur insolence et leur injustice… Ces bandits ont continué, jusqu'à nos jours, à tourmenter le pays par leur esprit de rapine et de brigandage….Si les Arabes ont besoin de pierres pour servir d'appui à leur marmite, ils dégradent les bâtiments afin de se les procurer. S'il leur faut du bois pour en faire des piquets ou des soutiens de tente, ils détruisent les toits des maisons pour en avoir. Sous leur domination la ruine envahit tout. Tout pays conquis par les Arabes est bientôt ruiné…»

« L'ifriquia (Algérie de l'est et Tunisie) était riche et prospère. Les Hilaliens la ravagent consciencieusement. Le Maghreb central voit à son tour déboucher le flux des Beni Hillal, alimenté et renforcé par les Beni Slimane… Le sang arabe était jusqu'alors marginal, le peuplement

berbère très largement majoritaire. Inéluctablement, les rapports se modifient. L'Algérie spécifiquement berbère disparaît en tant que telle. Elle commence à devenir arabo-berbère...»

D'après ces descriptions, Ibn Khaldoun semble implicitement faire une nette différence entre les « Arabes de souche » auxquels lui-même s'identifie, et les Bédouins qu'il méprise.

Bien que Ibn Khaldoun les ait dépeints comme une armée de sauterelles détruisant tout sur son passage, Béni Hilal, Béni Slimane et plus tard Béni Maaqil furent bien plus dangereux par les ferments d'anarchie qu'ils introduisirent au Maghreb que par leurs propres déprédations .

Aujourd'hui en Algérie, le terme « Aribia » est souvent attribué aux « Bédouins Arabes de Ibn-Khaldoun ».

L'arrivée de ces tribus bédouines ne formaient pas une armée en marche pour combattre les Zirides Ce n'était non plus une guerre ethnique opposant Berbères contre Arabes.

Les Berbères Zirides, Hammadides, et plus tard les Almohades, et les Mérinides, utilisaient les forces armées des Bédouins arabes dans leurs propres conflits. Ce qui a permis à des groupes de ces tribus de pénétrer les campagnes et d'y rester. Ceci est le cas des bédouins Thaalab implantés dans la Mitidja.

Les souverains Berbères cherchaient des alliances avec les Bédouins, ils donnaient parfois une de leur fille ou vice-versa pour sceller ces alliances.

Dans le chaos que traversait le Maghreb, des chefs bédouins se tailler des fiefs.

(Khaldoun, 2003)

Alger sous les Almohades 1152 -1247

La victoire des Almohades, dynastie Berbère Masmouda et Zenete du Sud Marocain, sur les Almoravides, leur permit d'élargir leur conquête vers le Nord et l'Est du Maghreb.

Vers 1161, les Beni Hillal, sont écrasés par Les Almohades près de Kairouan. Les tribus sont contraintes de fournir mille personnes chacune pour la guerre en péninsule Ibérique. Les Béni Hilal seront déplacés en masse par les souverains successifs du Maghreb.

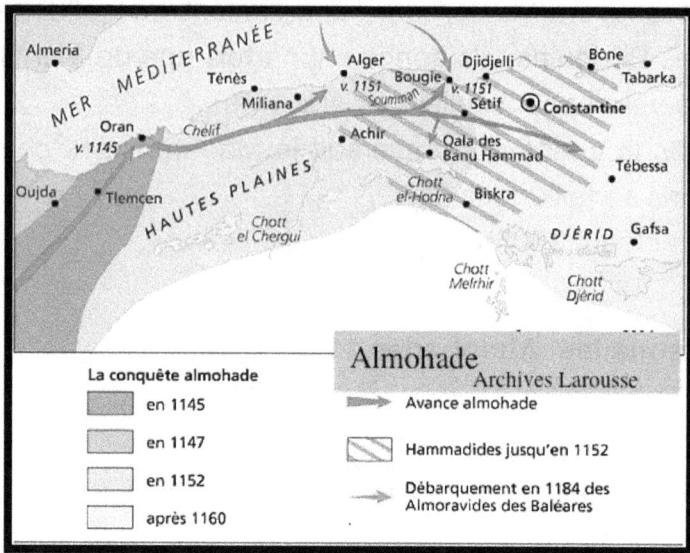

Image 21   Les Almohades

Les Almohades étaient des fondamentalistes musulmans berbères originaires de la région de Tinmel, au sud du Maroc.

(Rodinson, Almohades, 2017)

Alger sous les Zianides 1235-1556

Les Zianides sont une dynastie berbère Zénète fondée par Yaghmoracen Ziani à Tlemcen. Ils se rallièrent aux Almohades, puis se déclarent indépendants malgré les pression subies par les Hafsides et les Mérinides. Ils régnèrent sur Alger, ils furent vaincus par les Ottomans.

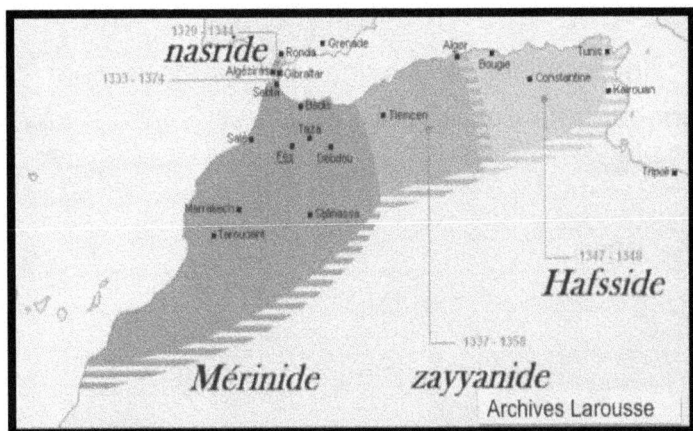

Image 22   Les Ziyanides

Sous les Zianides, Alger connut un fulgurant essor démographique avec l'arrivée des morisques à partir de 1490.
(Julien, 1966)

Exode des Morisques chassés d'Espagne 1492

Les Omeyades furent les premiers à conquérir une grande partie de la péninsule Ibérique. Les guerriers berbères y compris leur chef Tarik, formaient le plus gros des contingents à débarquer sur le territoire dominé par les Visigoths[19].

Apres la victoire des abbassides sur les Omeyades, plusieurs dynasties berbères ont régné en « Andalous », notamment : Ifrenides, Zirides, Hammadides, Almoravides, Almohades, Zianides, Mérinides, Hafsides.

---

[19] Visigoths: Peuple nordique ayant envahi et régné sur la Péninsule Ibérique

La Reconquista, reconquête ibérique par les chrétiens, débuta en 718. Elle se fit par étapes à travers des siècles.

(Fabrice, 2013)

Desarrollo de la Reconquista desde 914 hasta 1492

Leyenda
- antes de 914
- 914 - 980
- 1080 - 1130
- 1130 - 1210
- 1210 - 1250
- 1250 - 1480
- 1480 - 1492

GNU Free Documentation License,

Image 23   La Reconquista

Vers 1250, une grande partie du territoire ibérique fut reconquis. Les musulmans seront cantonnés dans la région surnommée « El Andalous » ou Andalousie.

La reprise totale de la Péninsule Ibérique par les chrétiens culmina en 1492.

A cette date une partie de musulmans et de juifs quittèrent la Péninsule, beaucoup d'entre eux émigrèrent au Maghreb.

Les musulmans implantés en Andalousie depuis des siècles sont appelés Morisques, *Moriscos* en espagnol. Ils sont de diverses origines notamment : Berbère, Arabe, Ibérique, Visigoth. Ils sont assez distincts des musulmans maghrébins en physionomie, comportement, et culture.

Les Espagnoles poursuivront les morisques jusqu'au Maghreb. Vers 1510 Ferdinand d'Aragon attaque Alger, l'assiège et fit bâtir une forteresse El Peñon sur un îlot a portée de canon de la cité.(Fabrice, 2013)

Alger sous tutelle des Zianides, affaiblis par les attaques Merinides, était livrée à elle-même.

A la mort de Ferdinand d'Aragon en 1516, les dignitaires d'Alger se révoltent et imposèrent à Toumi, chef Thalaabi, de faire appel aux corsaires Barberousse.

5   Jihad versus Ijtihad

La conquête de l'Afrique du Nord par les Arabo-musulmans débute par des razzias. Ce terme vient de la langue arabe "*Ghazou*". Il signifie attaque d'une localité peuplée ou d'une caravane pour s'accaparer de ses richesses : troupeaux, récoltes, femmes et enfants. El "Ghazou" est une tradition millénaire des contribules de la Péninsule d'Arabie. La razzia et son butin « *Ghanima* » étaient coutume de cette région.

Les ressources étant limitées, les tribus s'entre-pillaient pour survivre: massacres, enlèvements, lucre, étaient la norme et la mentalité.

(Tabari, Chronique Traditionnelle, 1980)

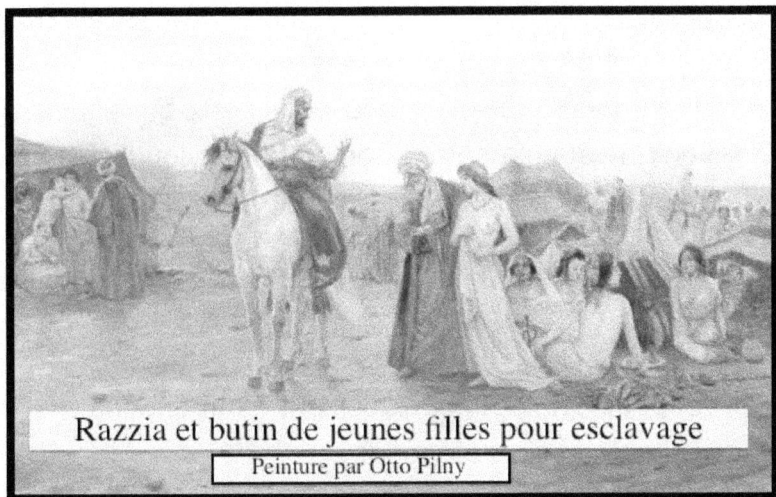

Razzia et butin de jeunes filles pour esclavage
Peinture par Otto Pilny

Image 24   Razzia et esclavage

L'Islam fut une aubaine pour perpétuer et légitimer la razzia.

La religion fut instrumentalisée pour le triomphalisme, la conquête, et la prise du pouvoir. Les actes des califes et leurs armées, laissent à croire que l'Islam de Dieu est religion, l'Islam de l'Homme est Pouvoir.

Les califes s'entretuaient pour garder ou s'accaparer du pouvoir. Omar Khattab, Othmane Affan, Ali Boutalab, furent assassinés. Merwan I, Walid, Merwan II, Amin, Moutawakil, Moutaaz, Muhtadi, Muktadir, Mustarchid, subirent le même sort. (Britannica, First Califes, 2015)

La conquête au nom de l'Islam, relégua l'aspect spirituel au rituel de parade. Les conversions se faisaient davantage pour la gratification ou la peur du châtiment, ici-bas ou dans l'au-delà. La supercherie se perpétua pour assurer l'emprise des Imams, Emirs et Califes, autoproclamés substituts divins.

Il n'y avait plus de place pour ceux qui aspiraient à devenir musulmans sans reniement de leur mère-patrie, leur langue maternelle, leur origine et leur identité.

Taquia – Mensonge - Hypocrisie

Les psychologues classifient le mensonge et son utilisation en trois catégories :

- Le mensonge bienveillant: Pour faire plaisir ou éloigner le mal.
- Le mensonge pernicieux: Pour tromper, escroquer out tricher.

- Le mensonge pathologique, mythomanie: Pour se donner de l'importation avec des récits imaginaires.

(Biland, 2004)

Le Coran fut présenté comme écrit sur marbre et en Arabe, par Dieu lieu-même. Cette langue fut sacralisée par les tenants du pouvoir, elle est déclarée langue de Dieu. Durant la deuxième moitie du 7ème siècle, sous le règne du Calife Malik, la langue arabe devint officielle à travers les dominions musulmans. (Fisher, 2004)

Les zélateurs islamistes ont puisé dans le Coran un verset qui mentionne « la ruse du combat ». Cette « ruse » qui est de bonne guerre dans l'adversité, a été sacralisée en mensonge.

La guerre de succession au prophète Mohamed a divisé les musulmans en deux clans, Sunnis et Chiias. Ces derniers, qui doutent de la véracité de la Sunna rédigée par des hommes, sont persécutés par les Sunnis.

Afin de survivre, les dirigeants Chiias inventèrent la Taquia. Cette astuce fut une obligation religieuse pour les Chiites leur permettant de dissimuler leur véritable croyance. Ils déclaraient en publique être Sunnis, alors qu'ils demeuraient Chiias en cachette.

Plus tard, la Taquia fut adoptée par des Sunnis et particulièrement par les Wahabis qui en firent une doctrine et une obligation religieuse de mentir pour tout ce qui est utile à l'avancement de l'Islam.

Cette obligation fait partie de l'idéologie islamiste qui consiste à œuvrer pour soumettre le monde entier à leur propre idéologie.

Voilà ce que pensent certains lettrés musulmans de la Taquia :

- EL Ghazali : « Il est permis de mentir si le but à atteindre est louable ».
- Al-Tabari: « *Si vous musulmans, êtes sous l'autorité de non-musulmans, craignant pour vous-mêmes, comportez-vous loyalement, avec votre parole, à leur égard, alors que vous entretenez intérieurement de l'animosité à leur égard* ».
- Ibn Kathir, « *Le musulman doit faire preuve de duplicité à l'égard du non-musulman s'il est dans une situation où il doit se protéger. Sachez sourire aux infidèles alors que votre cœur les maudit* ».

La Taquia fut utilisée aussi par les juifs durant leurs persécutions en Europe et ailleurs. De même que les Mudéjars[20] ou Morisques[21] après la Reconquista de la Péninsule Ibérique.

(Misri, 1997)

Taquia et wahabisme

Les Saoudiens ont de tout temps caché leur jeu sur

---

[20]. Musulmans établis dans les royaumes chrétiens, après le Reconquista. Sommés de se convertir au catholicisme, ils prétendaient le faire tout en pratiquant l'Islam en cachette.

l'idéologie wahabite qui demeure le dogme de leur monarchie. Cette doctrine n'est autre que le salafisme, pur et dur, violent, fermé à la liberté individuelle, l'émancipation de la femme, la libre pensée. Les autorités saoudiennes ne divulguent jamais leurs vraies intentions, l'adepte du wahabisme considère que toute entité extérieure à son prisme de penser est ennemie.

(Aldeeb, 2015)

Le Wahabisme s'inspire de la doctrine Hambali remontant au 9ème siècle et relancée au 13ème siècle par Ibn Tamiya. C'est une idéologie musulmane fondamentaliste fondée vers 1745 par un négociant arabe, Abdelwahab.

L'intention de Abdelwahab était de ramener l'Islam à sa « pratique primitive », ou du moins telle qu'il l'imaginait. Il prônait l'interdiction du culte des saints et les pèlerinages vers d'autres destinations que la Kaaba de la Mecque. Il abolit également les cérémonies funéraires, il prêchait contre le luxe de l'habillement, l'usage du tabac, la consommation des boissons alcoolisées, des jeux de hasard.

Il imposa la stricte observance du jeûne, et des prières quotidiennes. Il entreprit de convertir par la force les réfractaires, de profaner et de démolir les chapelles des saints musulmans. Ces mêmes initiatives sont aujourd'hui dans les prêches islamistes.

Expulsé de La Mecque, Wahab fut accueilli par le clan Saoud au Nejd.

Sous le sabre des Saoud, et les prêches de Wahab, l'Arabie centrale fut soumise à la doctrine Wahabite. Les

Wahabis occupèrent la Mecque en 1790 et suscitent la colère du Calife ottoman. Ce dernier fit appel au vice-roi d'Egypte. La Mecque fut reprise en 1811, Wahab fut conduit à Istanbul et décapité en 1818.

Saoudis et Britanniques

Image 25   Les Saoud, Wahab, et les Britanniques

En 1923, les forces britanniques et leurs associés ont placé la dynastie des Saoud au pouvoir du nouvel Etat d'Arabie Saoudite.

Après la découverte et l'exploration du pétrole dans les années 1940, les Américains se placent comme protecteurs des Saoud en contrepartie d'une mainmise sur leur puits de pétrole. L'idéologie wahabite se consolida avec les pétrodollars qui donnèrent une assise solide à la monarchie Saoud.

En Égypte, le wahabisme sous label Frères Musulmans s'y est implanté en 1950. Il fut financé par les Saoudiens afin de contrer l'idéologie progressiste de Nasser.

Plus récemment, le wahabisme salafiste s'est incrusté dans les Balkans, Bosnie et Tchétchénie. Ceci avec les pétrodollars des saoudiens et leurs laquais du Golf d'Arabie.

Aujourd'hui la monarchie Saoud déclare que le wahabisme n'existe pas.
(Imago Mundi, 2017)

Comme il n'est pas de meilleur moyen de mentir que d'en rajouter sur la vérité : Voici le mensonge phare des islamistes:

« Aucun livre au monde ne peut égaler le Coran... Le fait étonnant sur ce livre d'Allah est qu'il demeure parfaitement identique à la version originelle d'il y a 1400 ans. On ne trouvera aucune variation de texte, de symbole, ni de ponctuation ».
(Foundation, 1996).

Les zélateurs islamistes contemporains et leurs nervis, loin d'être exégètes, affirment avec véhémence que les textes sacrés sont irréprochables et que toute incohérence relève de la volonté divine qui abroge toute logique, bon sens et entendement.

Les islamistes se servent de la Taquia pour authentiquer des fables comme :

— J. J. Cousteau s'est converti à l'Islam ! Alors que ses enfants affirment que leur père ne s'est jamais converti à l'Islam. A sa demande, il fut enterré dans un cimetière chrétien.

Le Coran

Le terme Coran vient du radical « lire ou réciter » en langue arabe, c'est une lecture visuelle de documents ou une récitation mémorisée.

Selon les recueils sur l'Islam, les révélations divines furent transmises via Gabriel au prophète. Ce dernier étant illettré, les mémorisait et les

Certains des disciples mémorisaient à leur tour les versets.

Les plus connus et les plus doués en mémorisation sont au nombre de sept : Nafi, Ben Kathir, Bou Amrlaala, Ben Amir, Hamza, El Quisai, Assim.

Ces derniers, appelés orateurs ou « *qari* », récitaient les versets en public ou en privé.

Les récitations ou allocations sont annotées par des scribes transmetteurs, tantôt mandatés, tantôt bénévoles. Elles sont inscrites sur des parchemins de diverses natures. La compilation finale est le résultat de l'interprétation des scribes.

Cette cohorte de scribes a engendré plusieurs écoles de lecture portant leur nom. Leurs recueils étaient devenus pour ainsi dire des « Corans » puisqu'ils prétendaient mettre sous écrit le message divin. Mais l'écriture n'était pas uniforme. Les multiples tribus prononçaient différemment le « Coran ». Les dialectes engendraient des différences substantielles sur la signification et le sens des mots.

Ibn Nadim relate qu'il avait vu plusieurs recueils divergents. d'autres « corans » ou autre lectures attribuées à d'autres érudits, notamment à Ali, neveu et gendre du prophète. selon les différentes lectures, les érudits évoquaient plusieurs « corans ». ceux de Médine, de Koufa, de Bassora, de damas, du Hijaz.

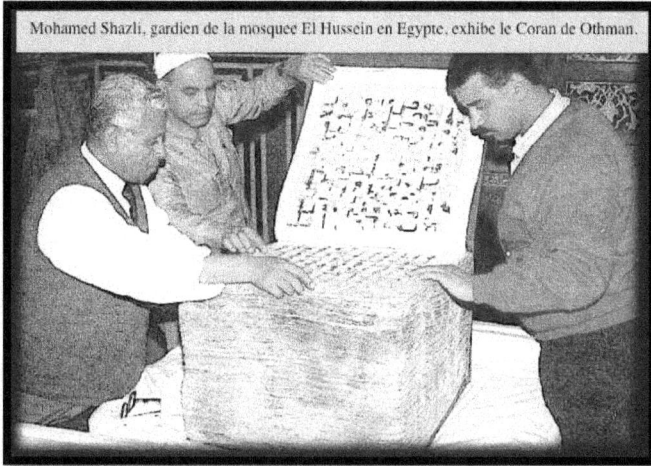

Mohamed Shazli, gardien de la mosquée El Hussein en Egypte, exhibe le Coran de Othman.

Image 26   Coran Calife Otman

En 647, le Calife Athmane créa une commission pour faire la collecte de parchemins reliés au Coran. Un triage s'en suivi, un lot particulier fut sélectionné pour compilation, le reste de la collection fut brulé. L'ordre des versets fut arbitrairement choisi selon la longueur. L'ordre chronologique ne fut pas respecté, il n'y pas de distinction entre les versets de la Mecque et ceux de Médine.
(Ibn Nadim, 1970)

De nouvelles découvertes de fragments de parchemins coraniques furent analysées respectivement à l'Université de Tübingen, Allemagne en 2014 et à l'université de Birmingham, Angleterre en 2015.

La datation par Carbone 14, avec précision de 95,4%, leur donne un âge d'environ 1400 ans. Le premier parchemin est écrit en Arabe Koufi, le second en Arabe Hijazi, les deux écritures sont dépourvues de voyelles et de symboles diacritiques, les points.

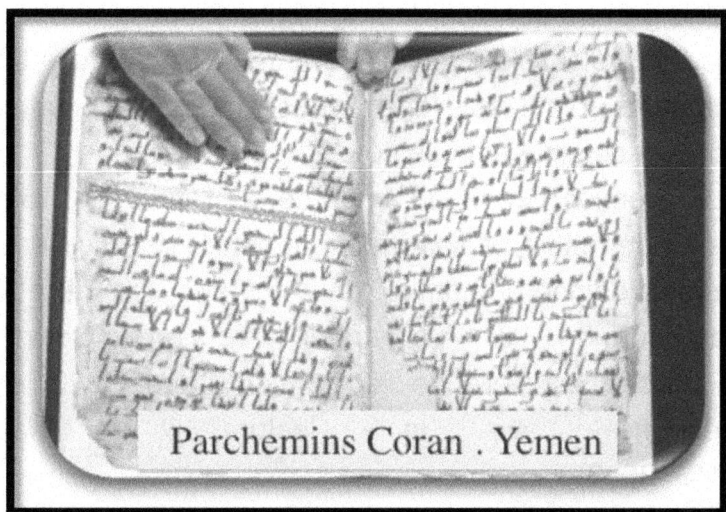

Image 27   *Parchemins Coran*

Ainsi conçus, certains mots de ces textes initiaux peuvent avoir une multitude de significations et la teneur d'une phrase ou d'un paragraphe peut avoir moult interprétations. Le Coran était donc écrit dans une « scripta defectiva », une écriture dépourvue de points et de voyelles. En conséquence une multitude de lectures était possible, selon la manière dont les points diacritiques étaient ajoutés. Les voyelles présentaient un plus grand problème. Originellement la langue arabe n'avait de signes pour les voyelles courtes; l'écriture était consonantique. La « scripta plena » qui permet à un texte de comporter tous les points et voyelles, fut appliquée à la langue arabe au 9ème siècle.

(Coranica, 2014; Ade)

Une grande quantité de fragments ont dû échapper à l'autodafé sélectif du calife Athmane. Combien d'autres parchemins n'ont pas été inclus dans le document « Coran » compilé sous les ordres d'Athmane ?

Le premier Coran fut imprimé à Venise en 1530, mais fut détruit immédiatement sur l'ordre de l'Eglise. La première édition imprimée de Athmane, se fit à St Pétersbourg en 1787. Aujourd'hui, la version du Coran la plus utilisée est celle de l'édition du Caire, 1923, elle correspond à la lecture *Hafs*. (CNRS, 2013)

La Sunna

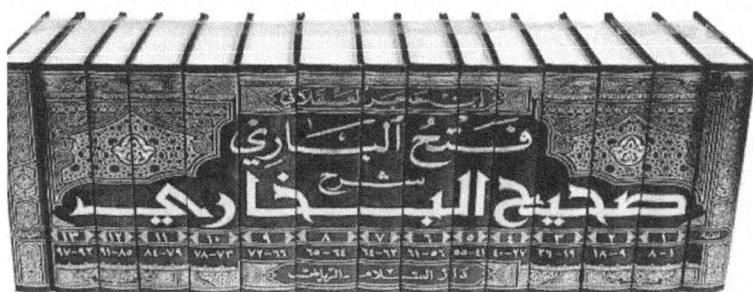

Salih el Bukhari. Une des Principales reference de la Sunna

Image 28   La Sunna Boukhari

La Sunna forme un corpus littéraire réalisé au 9ème siècle. C'est durant ce même siècle que les premiers recueils de poésie arabe firent leur apparition. Les sunnites sont adeptes de la Sunna.

Les textes de la Sunna continuèrent d'être étudiés et élaborés, au 11ème siècle, le théologien Bayhaki, adepte de la doctrine Hanafi, composa un volumineux recueil « Kitab Sunna ».

La Sunna comporte le Hadith ou témoignage sur la vie du prophète : ses dires, son comportement, son attitudes, ses avis, ses jugements... jusqu'au plus simple détail.

Les musulmans Sunnis semblent connaître beaucoup plus sur le prophète que sur Dieu. Ce dernier est décrit par le prophète lui-même. Par contre le prophète est décrit selon le témoignage d'hommes ordinaires, faillibles, et pas nécessairement fiables.

Les témoignages émanent d'une Une grande variété d'hommes et ironiquement pas de femmes. Bien que probablement les deux plus proches personnes du prophète auraient été Khadija sa première femme, et Fatma sa fille.

Ces témoignages rapportés verbalement par des témoins, forment le « Hadith ». Quand ces « dires » sont annotés, ils deviennent Sunna. Cette dernière représente la forme d'application de la substance du Coran.

Par exemple : le Coran prescrit l'obligation de faire la prière, mais le texte ne va pas dans le détail et ne décrit pas de rituel précis. Il n'est pas dit explicitement comment faire cette prière ? Quand ? Où ? Combien de fois ? Dans quelle langue ? Les réponses à ces questions se trouvent dans la Sunna, selon les témoignages décrivant la pratique de la prière par le prophète.

Aujourd'hui, le rituel de la prière est diffèrent chez les adeptes des 4 différentes écoles de jurisprudence islamique.

Les hadiths ne sont pas chronologiques, mais des instants généralement sans mention de date, ni de lieu. L'étude systématique des Hadiths et du Coran donne lieu à l'élaboration de la Charia et des différentes doctrines.

Il y a plusieurs recueils canoniques de hadith, donc plusieurs versions de la Charia. Celle-ci est l'ensemble des interprétations du Coran et de la Sunna par des théologiens de la jurisprudence islamique.

Tous ces recueils furent établis par des théologiens musulmans, parfois d'origine perse comme El-Boukhari. Ils sont nombreux et livrent différentes interprétations.

Les témoignages compilés 200 ans après la mort du prophète ne peuvent échapper à la controverse.

Recueils canonisés:

Auteur	Naissance	Nombre de Hadiths
Boukhari	810-870	7 397
Daoud	817-889	5 273
El Hajaj	821-875	4 000
Majah	824-886	4 341
Tirmidhi	824-892	3 956
Nasai	829-891	2 800

Ces recueils sont tous l'œuvre de lettrés Perses. Chaque hadith est constitué de quelques lignes, rares sont ceux qui remplissent une page. Les auteurs compilent les hadiths, les analysent, donnent leurs avis, et en font la narration.

Il existe chez les Sunnis d'autres recueils non canonisés et qui constituent le fondement des quatre écoles de la jurisprudence islamique ou Charia.

Recueils non-canonisés :

Appellation	Fondateur	Naissance	Hadiths
Hanafi	Hanifa Naaman	712-782	—
Maliki	Malik Anas	724-811	1 700
Chafai	Chafai	722-836	—
Hambali	Hambali Drisse	796-873	30 000

On peut remarquer que leurs auteurs des recueils dont est inspirée la Charia ont vécu avant ou pendant la même période que les auteurs des recueils canonisés. Pourtant leurs recueils ne sont pas canonisés.

(Stehly, 2015)

Beaucoup de musulmans considèrent les différents recueils de hadiths sacrés et les suivent à la lettre. Le Hadith est omniprésent en terre d'Islam. Chaque affirmation, geste, décision, action... est fondé sur une citation du Hadith ou du Coran.

« Les méthodes statiques appliquées aux textes islamiques ont montré que :

- *l'Islam est un système politique bien plus qu'une religion.*
- *Il n'y a point de bienfaisance en Islam pour les non-musulmans.*
- *Le système éthique de l'Islam est dualiste[22] et ne repose pas sur la règle d'or.*
- *Le dualisme est le fondement et la clé de la compréhension de l'islam. Le terme «être humain» n'a pas de sens dans l'islam. Seule compte la dualité « Croyant et Non-croyant ». Ce dualisme éthique qui déshumanise les non-croyants, forme la base du djihad. Ce que l'islam a de plus proche d'un principe éthique universel est que le monde entier doit se soumettre à l'islam.*

---

[22] Croyants versus non-croyants

- *La doctrine islamique ne peut pas être conciliée avec nos concepts de droits de l'homme et de notre Constitution.*
- *La grande majorité, 96 %, de la doctrine islamique concernant les femmes, les subjugue.*
- *La Sunna est plus importante que le Coran dans la vie quotidienne d'un musulman.*

(Warner, 2007)

Les faits :

- Plus de 70.000 de hadits ont été recensés.
- Leur compilation s'est faite 200 ans après la mort du prophète. Soit à la même période du développement de la littérature arabe.
- Le nombre de recueils-hadiths canonisés est limite à six.
- Les recueils-hadiths des fondeurs des 4 écoles de pensées ne sont pas canonisés.

Les questions :

- Quel est le degré de véracité d'une histoire passée de bouche à oreille après 200 ans ?
- D'ou provient la légitimité pour autoriser la canonisation d'un hadith ?

De la falsification de l'histoire

L'autre fabulation des zélateurs islamiques concerne la falsification de l'histoire de l'Afrique du Nord.

Jusqu'à récemment les fascicules scolaires se référaient à la période préislamique de « *Jahiliya* » (ignorance ou déni). Période qui ne figurait dans les fascicules scolaires jusqu'à récemment. Ainsi l'histoire du Maghreb commence avec « *Foutouh El Islam* », sa glorification et son boniment.

Le cliché arabo-islamiste, répandu par les démiurges venus du Proche-Orient, dépeint les Berbères de tribus primitives. L'histoire nous dit que les Berbères n'ont jamais été daguets. Ils n'ont pas attendu l'arrivée d'Okba, de Benaaman ou de Bennacer pour cultiver leurs plaines et coteaux fertiles.

Les vastes nécropoles préislamiques en Afrique du Nord sont ornées de poterie dont les motifs et techniques demeurent présents aujourd'hui.

Carthage avant de devenir Punique payait un tribut, un loyer, aux Berbères. Les Phéniciens n'avaient pas débarqué sur un terrain vague et dispersé ses occupants.

Ce ne sont pas des sauvages qui ont construit des monuments de l'ampleur d'Imadghassen à Batna.

Mausolée de Massinissa Khroub Constantine

Ni du Mausolée de Massinissa au Khroub.

94

Qu'en est-t-il des érudits, des grammairiens et philosophes Amazighs ? Tels que : Apulée le rhétoricien et Martianus Capella le romancier. Tout comme leurs pairs intellectuels confirmés de l'époque gréco-romaine.

Le savoir et la littérature étaient appréciés par les Amazighs d'antan. Massinissa s'arrangea pour donner à ses fils une éducation hellénique. Micipsa, le plus doué d'entre eux vivait entouré de lettrés grecs.

Juba II, roi de Yol (Cherchell), rédigeait ses édictes en grec. Sous l'empire romain, d'autres Amazighs se firent distinguer par leurs écrits. Fronton, né à Cirte (Constantine) est connu, entre autres, pour ses différents traités, notamment « La parure de l'éloquence romaine ».

Minucius Félix, originaire de Theveste (Tébessa) fut célèbre pour son dialogue « Octavius ».

Saint Augustin, né à Thagasta (Souk Ahras), théologien et philosophe dont les écrits ont influencé le développent de la chrétienté et de la philosophie occidentale.

Le grammairien Priscien était originaire de Yol (Cherchell). Qu'en est-il de l'Amazigh Shoshenq Pharaon de l'ancienne Égypte?

(Bacha, 2011)

L'incontinence verbale qui bonifie le mensonge arabo-islamique semble aujourd'hui gravée dans la mentalité

95

salafiste/wahabite. Le déni du rationnel leur sert de parade à tout changement. Ils veulent figer l'Islam, alors que depuis la particule subatomique jusqu'au système macrocosmique, tout est dynamique, tout change, tout bouge et tout se transforme.

Les ténors du salafisme/wahabisme promettent le Paradis céleste qu'ils n'ont jamais vu.

Un paradis à l'image de leurs fantasmes inassouvis, des fantasmes limités au matérialisme et au lucre. Un conditionnement de Pavlov poussé à la simple équation de la gratification et du châtiment. Une équation limitée à la perception humaine qui n'a rien à voir avec la divinité.

Ces ténors répètent encore et encore qu'avant l'arrivée d'Okba et ses cohortes, les habitants d'Afrique du Nord, les Berbères, étaient des sauvages qui sacrifiaient leurs enfants dans des rituels païens.

Qu'en est-il des Berbères anciens qui avaient rejeté la croyance carthaginoise "*Molek*" (sacrifice d'enfants) en faveur du "*Molkomor*" (Sacrifice de l'agneau au lieu de l'enfant) ? Les enfants leur étaient précieux.

Les Berbères n'enterraient pas leurs filles vivantes comme l'a fait Abu Bakr avant de devenir Calife. (Tabari, Chronique Traditionnelle, 1980)

Qu'en est-il de l'écriture développée à Sumer (Mésopotamie) il y a plus de 5.000 ans, en Chine il y a plus de 3.000 ans, de même qu'au Zapotec (Amérique du Sud) il y a plus de 2.700 ans ?

Hérodote rédigeait des récits historiques il y a plus 2400 ans. Confucius n'était pas boniface, sa philosophie est toujours d'actualité. Les pyramides d'Egypte ne se sont pas des hologrammes. Les immenses édifices, routes et aqueducs Romaines sont toujours là, Socrate et ses pairs ne jouaient pas au logogriphe……

De la généalogie en Péninsule d'Arabie

En Islam, une femme qui allaite un enfant qui n'est pas biologiquement le sien, devient un maillon de la lignée généalogique de cet enfant. L'allaitement crée ainsi un lien filial dénué de consanguinité.
Orphelin et nourrisson, le futur prophète Mohamed fut allaité par la bédouine Halima Saadia.
Cette pratique de lien filial couvre l'ensemble des femmes apparentées à la nourrice ainsi que le mari de la nourrice.
C'est ainsi que les Beni Hilal et les Beni Slimane prétendent être descendant du prophète à cause de leur lien avec la tribu de Halima Essadia.[23]

Après la propagation de l'Islam, la prolifération du nombre de descendants du prophète, fut exponentielle. Jusqu'à aujourd'hui, au Maghreb, les familles

---

[23] Halima, nourrice du prophète. Tribu des Beni-Saad

maraboutiques se clament descendantes du prophète Mohamed.

Ce genre d'union, suivant certaines variations, fut utilisé par les Romains « *collacteus* » ainsi que des tribus d'Afrique comme les Masaï.

Au Maghreb le co-allaitement, ou contrat de « *thatdha* », consiste à mêler le lait de sept femmes allaitantes issues de deux groupes qui veulent se réclamer d'un même ancêtre éponyme. Le lait est bu d'une écuelle qui passe de main en main de tous les hommes des deux groupes présents durant la cérémonie. Parfois le lait est versé dans un grand plat de couscous qui est servi à tous les hommes   présents. (Gelard M.-L. , 2004).

Les premires inventions

L'histoire ne commence pas avec la propagation de l'Islam. Au contraire,   avant   l'Hégire,   plusieurs civilisations ont marqué le monde et constituent le piédestal du développement de l'être humain, son ingénuité, et son esprit innovateur :

1. Domestication du cheval par les Kazakhs dans les steppes d'Asie Centrale, il y a plus de 5.000 ans. Ce qui a permis le développement de la mobilité et des capacités militaires de l'homme.

2. Invention de la roue par les Sumériens en Mésopotamie, il y a plus de 5.000 ans. Ceci a engendré le développement de l'exploitation agricole, de la construction d'édifices et d'infrastructures. Moyen de transport et de combat.

3. Invention du principe de la boussole par les Chinois, il y a plus de 5.000 ans. Ce principe des forces magnétiques terrestres fut repris en Europe pour en faire un instrument de navigation vers 1.300. Ce qui a permit la découverte de nouveaux continents.

4. Invention de la poudre noire par les chinois, il y a plus de 1.400 ans, cette poudre était utilisée initialement pour un traitement médical. Ce procédé a été amélioré par les Européens pour en faire la poudre à canon vers 1.340. Ce qui a procuré à l'Occident la supériorité des armes et enclencher l'expansion coloniale en Amérique, Asie, Australie et Afrique.

5. Invention de l'imprimerie par les Chinois, il y a 1.400 ans. Cette technique fut modernisée par Johannes Gutenberg, Allemagne, en 1454. Elle déclencha la révolution des connaissances et la diffusion des sciences. Les musulmans interdirent son usage jusqu'en 1730.

6. Suite à la prolifération de l'imprimerie, environ 12 millions de livres furent imprimés en Europe au 15ème siècle. L'accès au savoir permis la propagation des idées. Ces évènements furent

précédés par de multiples calamités au 14ème siècle ou Moyen-âge, guerres incessantes, épidémies à répétition, famines régulières. Ces faits encouragèrent une volonté de mettre fin à l'hégémonie ecclésiastique en Europe. Ce n'est qu'après des siècles, que le monopole de l'église sur le savoir prit fin. Le barrage au rationalisme, céda, pour donner libre cours à la pensée, la créativité, et la recherche scientifique.

Dans cette perspective, l'être humain commence à comprendre qu'il n'est plus le centre du monde ni de quoi que ce soit, excepté son « égo ». Il commence à découvrir qu'il fait partie d'un immense univers dont la complexité dépasse sa compréhension, un univers où rien n'est créé ex-nihilo.

6   La Regence d'Alger 1515-1830

Alger du temps de Selim Toumi le Thaalabi

Image 29   Alger au 16ème siècle

A la fin du 15ème siècle, qui correspond à la reconquête espagnole, le Maghreb était en pleine décomposition. Les forces dominantes de la région, Merinides au Maroc, Zianides en Algérie, et Hafsides en Tunisie, ne pouvaient contenir les tribus locales qui assiégeaient les cités.

Espagnoles passèrent à l'attaque de villes portuaires. La résistance aux chrétiens Espagnols prit la forme de Jihad maritime. S'il est admis que la plupart des acteurs ne sont guère pieux, la religion leur a fournit un prétexte honorable: « Rivalité Islam versus Chrétienté ».

C'est ainsi que des bandes d'aventuriers vont prendre en charge l'éviction des Espagnols des bases qu'ils occupaient en Afrique du Nord.

L'aventure la plus extraordinaire serait celle des frères Barberousse qui s'établirent d'abord à Jijel puis à d'Alger.

L'hommage de ces conquêtes au Sultan d'Istanbul vaudra aux pirates un soutien militaire indispensable de la part de l'empire Ottoman.

A cette époque, Alger, bourgade berbère peu peuplée, était sous la protection des Talabis, Aribis Hilaliens implantés dans la Mitidja par les Berbères Zianides.

Les Berbères Kabyles, étaient concentrés dans la Casbah et les montagnes environnantes, Khechna, Bouzegza, Immel aujourd'hui Ammal, et aussi loin que l'Atlas Blideen.

Les expulsés d'Espagne en 1492, les *Morisques*[24] ou Andalous[25], arrivaient graduellement au Maghreb.

Ces derniers tenaient à se venger des Espagnols sur terre ou sur mer, ils apportèrent grande aide aux corsaires.

Expulsion des Morisques. 1492

Image 30   Expulsions des Morisques 1492

La deuxième vague d'expulsés morisques se fera en 1608.

(Galibert, 1844)

Vers 1504, Arouj et Kheredine demandèrent aux autorités de Tunis le droit de mouillage en leur offrant

---

[24] Morisques ; musulmans d'Andalousie
[25] Andalous: Musulmans et Juifs

une dîme sur toutes leurs prises. Les Tunisiens acceptèrent l'offre.

En 1510, Don Garcia de Tolède est expulsé des îles de Jerba. Les Hafsides octroyèrent ces îles aux Barberousse qui s'y installèrent.

Vers 1513, lorsque Bejaia fut occupée par les Espagnols, les habitants de cette ville vinrent solliciter l'assistance des frères Barberousse. Arouj assiégea la ville sans succès tout en recevant une blessure au bras dont il fut amputé. Après cet échec, les deux frères s'établir à Jijel, bourgade portuaire d'environ 1000 habitants qui acclamèrent les corsaires. La rade s'emplit de vaisseaux et l'aisance régna parmi les Jijeliens.

Par reconnaissance, ces derniers offrirent à leurs hôtes la souveraineté de leur ville et du territoire qui en dépendait.

Après la prise de Bejaia et d'Oran, Ferdinand d'Aragon attaqua la ville d'Alger et l'assiégea.

(Gaid, 1976)

Le Penon

Sous la menace, Toumi, chef des Thaalabis, maître de la cité d'Alger, céda des îlots à proximité du port d'Alger aux Espagnols. Ces derniers bâtirent sur l'un d'eux une forteresse, le Penon, destiné à bombarder la ville si nécessaire, et perturber le trafic maritime des corsaires ottomans.

A la mort d'Aragon en 1516, les Algérois imposèrent à Toumi de faire appel à la fratrie Barberousse pour détruire le Penon. Avec les Morisques et les juifs qui fuyaient El Andalous, les corsaires, à défaut de piraterie, faisaient de bonnes affaires dans le transport maritime. Les Barberousse s'enrichirent, agrandirent leur flotte et répondirent à l'appel de Toumi. (Alexander, 1837)

Image 31   Le Penon

Les frères Barberousse

Portrait du corsaire Arouj Barberousse

Portrait du Corsaire
Kheredin Barberousse

Image 32 Arouj & Kheredin

Le nom Arouj ou Oroç en turc, est devenu Barberousse par translitération. Dans la culture turque, il est commun de précéder le terme « Baba » au nom d'une personne à laquelle on doit respect. En ajoutant baba à Oroç on obtient Babaroç, ce qui a donné Barberousse. Cette appellation est utilisée par les historiens européens pour designer les pirates Arouj et ses 3 frères. Ainsi donc, contrairement aux idées reçues, Il n'est pas question de barbe rousse.

La fratrie Barberousse se composait de Arouj, Khyzir, Ichak, et Ilyes. Ayant grandi sur une île, ils sont devenus pirates par défaut. Khyzir a changé son nom à Kheredine, Ilyes fut tué au large du Liban à bord d'une galiote de pirates.

Ishaq, fut tué à Ténès, ville sous son contrôle et qu'il livra aux Espagnols.

Les « Barberousse » sont nés sur l'île de Lesbos, vraisemblablement de père Albanais, Jacob, et de mère Grecque, Katarina. Arouj se distingua par sa hardiesse dans la piraterie et prit du galon.

Lesbos fut enlevée aux Génois par les Ottomans en 1462, Arouj est né en 1474. Si ses parents ne l'avaient pas déjà fait 12 ans auparavant, lui et ses frères ont dû donc se convertir à l'Islam.

Vers 1505, secondé par ses deux frères, Khyzir et Ichak, Arouj obtint le commandement de deux galiotes pour se rendre en Tunisie. Les Hafsides l'autorisèrent à établir une base à Jerba, puis à la Goulette, moyennant une part du butin.

En 1510, Don Garcia de Tolède fut expulsé des îles de Jerba, appartenant au Bey. Ce dernier céda ces îles aux Barberousse, qui s'y installèrent.

Vers 1513, lorsque Bejaia fut occupée par les Espagnols, les habitants de cette ville vinrent solliciter l'assistance des frères Barberousse. Arouj assiégea la ville sans succès tout en recevant une blessure au bras dont il fut amputé.

(Alexander, 1837), (Mignon, 1773)

Prise d'Alger

Vers 1515, amputé du bras, Arouj laissa le soin à Kheredine de prendre Alger par la mer. Arouj longea le littoral avec une armée d'aventuriers en quête de butin. Il dépassa Alger pour aller jusqu'à Cherchell se débarrasser d'un autre corsaire nommé Kara Hassan qui lui faisait concurrence.

En 1516, Arouj revint sur ses pas et entra triomphalement dans Alger. Accueilli en libérateur, le corsaire fit comprendre tout de suite aux habitants d'Alger que Barberousse frères, étaient seuls maîtres à bord.

Arouj se proclama souverain d'Alger, il élimina Toumi et fit pendre son corps à un croc de boucher à Bab Azoun.

(Grammont, 1887)

Mort d'Arouj

Après avoir pris le port de Ténès, Arouj est sollicité par les habitants de Tlemcen pour les délivrer de leur roi Ziane qui fut contraint de se soumettre aux Espagnols.

Arouj marcha sur la ville où il tua Ziane et tout son entourage. Il voulut s'imposer en maître à Tlemcen, mais les Espagnols venus d'Oran assiégèrent la ville. Il tenta de s'enfuir à Oujda, les Espagnols le rattrapèrent à El Mellah où il fut tué en 1518.

Kheredine Bey d'Alger

A la mort de son frère Arouj, Kheredine fut proclamé Bey d'Alger par les corsaires. Il fit allégeance à l'Empire ottoman, le Sultan lui envoya 2.000 janissaires et une troupe de 6.000 soldats. De facto, Alger est sous occupation ottomane.(Gaid, 1976)

L'Etat Corsaire

Pendant tout le 16^{éme} et une partie du 17ème siècle, Alger deviendra le siège d'un Etat-corsaire où la conversion à l'Islam donnait droit de cité.

En 1529, Kheredine réussit à détruire le Penon et sa garnison espagnole. Il fait relier les îlots à la cité, créant ainsi un port d'envergure.

En 1533, Kheredine fut convoqué à Istanbul par le Sultan qui le nomma Rais de la flotte ottomane. Il fut investi également du titre de Beylerbey.

La population d'Alger explosa en nombre et en diversité. Aux Berbères natifs de la cité s'ajoutèrent les Morisques expulsés d'El Andalous, 2000 Janissaires,

6000 soldats ottomans, les Juifs ayant fui la Péninsule Ibérique, et un grand nombre d'Européens renégats aventuriers attirés par le butin.

(Mignon, 1773)

Kheredine quitta définitivement Alger en 1536 pour poursuivre sa carrière de corsaire à grande échelle au service du Sultan.

Après Arouj et Kheredine, d'autres renégats accédèrent à la chefferie d'Alger :

- Hassan Agha, Sarde
- Hassan Corso, Corse
- Allouj Ali, Calabrais
- Hassan Veneziano, Italien

Les chefs corsaires s'occupaient du domaine maritime y compris la piraterie et son butin. Ils détenaient une grande partie de la richesse de la cité au 16ème et 17ème siècles. Cependant, ils n'avaient pas juridiction sur Alger terre-ferme. Les Rais ou capitaines de vaisseaux étaient en concurrence avec les Janissaires et l'odjak, qui formaient les forces terrestres. Ces derniers avaient prit le dessus sur les corsaires à la fin du 17ème siècle.

Au 16ème siècle, les renégats, Rais corsaires, provenaient en grande partie du bassin méditerranéen chrétien.

Sur les 22 *Raïs* renégats cités par Haedo, on dénombre :

— 6 Génois, un Calabrais, un Sicilien, un Napolitain, deux Vénitiens, un Corse, deux Albanais, trois Grecs, un Dalmate, deux Espagnols, un Français et un Juif d'Alger.

Les corsaires battant pavillon musulman devenaient « Némésis » pour les flottilles chrétiennes à travers la Méditerranée et au-delà. Une expédition punitive devenait nécessaire.

(Boyer, 1985), (Revue Africaine , 1869)

Résistance berbère. Royaume de Koukou

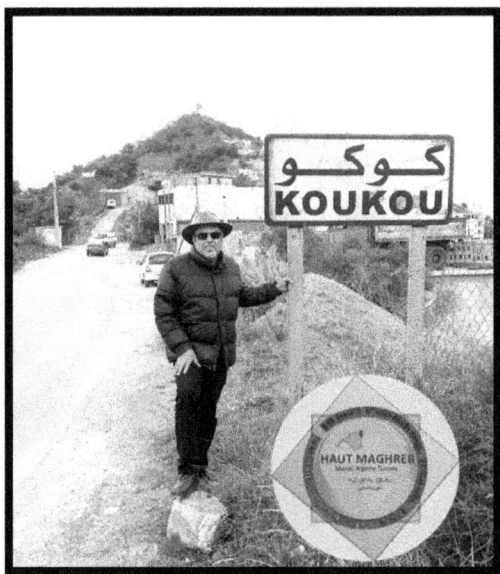

Image 33   Village de Koukou

Par manque de documents écrits, et les récits des traditions orales souvent contradictoires, les origines et le parcours de la famille Oulkadi fondateur du « Royaume de Koukou » en Kabylie, laissent place à différentes hypothèses.

Selon Boulifa[26], le père de Ahmed Oulkadi serait Abou Abbas El Ghobrini Oulkadi, originaire des Ait Ghobri en Kabylie. Il faisait fonction de Cadi auprès de la cour du Sultan Hafside de Bejaia. Soupçonné de complot contre le Sultan Abou El Baqa, le Cadi arrêté et exécuté. Son fils Ahmed s'enfui chez ses aïeuls en Kabylie. Il s'installa au village d'Aourir. Il fit ériger par la suite une impressionnante forteresse sur un piton des Ait Yahia dont il fit son quartier général.

A ce mouvement de résistance Kabyle, dirigé par Oulkadi, les Espagnols lui donnèrent le titre de " *Reino de Cuco*" ou encore « *Reino de los Azuegos* ». En langue espagnole, une des définition du terme « cuco » signifie « rusé ». La translitération en Français donna : « Royaume de Koukou ».

---

[26] 1865-1931. Né à Adeni, Kabylie. Professeur de berbère à l'Ecole normale et à la Faculté des Lettres d'Alger. Acquis aux idéaux de la promotion d'égalité, profondément fier de sa culture et de sa langue d'origine auxquelles il se consacra toute sa vie. Boulifa est considéré l'un des pionniers de la revendication identitaire amazighe en Algérie contemporaine.

Bejaia, était sous domination espagnole, Arouj s'allia à Ahmed Oulkadi pour libérer la ville. Arouj assurant le combat sur mer, Oulkadi à la tête des Kabyles, combattait sur la terre ferme.

Bejaia ne sera pas libéré pour autant, et devra attendre des années pour l'intervention des Ottomans d'Istanbul.

Durant l'alliance avec les Barberousse, les Oulkadi régnaient sur les terres allant du Jurjura jusqu'à Sétif.

Quand Arouj fut tué par les Espagnols près de Tlemcen, Kheredine prit la relève de son frère. Oulkadi rompit son alliance avec les Barberousse et se retourna contre Kheredine qu'il combattit sous l'égide du royaume de Koukou qu'il fonda en Kabylie, avec l'aide des Hafside de Tunis.

En 1519, Kheredine, à la tête de la régence d'Alger, rentre en campagne contre les Oulkadi.

Le sultan Hafside de Tunis fait parvenir des troupes de renfort à Oulkadi, qui infligea une très lourde défaite à Kheredine à Tizi Nait Aicha.

Les forces d'Oulkadi s'emparent d'Alger en 1520 pour y régner durant sept ans.

(Gaid, 1976)

Koukou est le nom du village accroché à flanc de montagne, au sein de la tribu Ait-Yahia en Kabylie. Pour sa position retranchée, le village deviendra le noyau de la résistance kabyle dirigée par Oulkadi. Ce dernier clamait être de lignée maraboutique originaire d'Azazga, ce qui est vraisemblable car son père s'appelait El Ghobrin, des Ait Ghobri en Kabylie.

(Boulifa, 1925)

Image 34   Entrée village de Koukou

Le royaume de Koukou se disloqua à travers les siècles sans apporter une quelconque union durable parmi les Kabyles.

En 1720, les Ottomans créent le Makhzen des Amraouas, dans la vallée du Sébaou, avant de partir à l'assaut des dernières poches de résistance kabyles.

Dix années plus tard, des postes avancés de Janissaires sont installés en Kabylie. (Genevois, 1974)

Expédition de Charles Quint contre Alger 1541

Qui est Charles Quint ? Lui-même disait « Je parle espagnol à Dieu, Italien aux femmes, Français aux hommes, et allemand à mon cheval ». Un personnage difficile à cerner car il est le produit de parentage croisé de diverses dynasties. Né en 1500 dans les Flandres en Belgique, mort et enterré en Espagne à l'âge de 58 ans, il ne peut prétendre à la fondation d'une dynastie ni d'un pays particulier. Il vit son ambition de l'unité européenne se briser par les rois de France, et la Réforme protestante de 1517.

Au moment de l'expédition d'Alger en 1541, Charles Quint était à la tête du Saint Empire romain de la nation germanique. Un titre beaucoup plus honorifique que réel. Les troupes de l'expédition étaient composées d'Allemands, d'Italiens, et d'Espagnols.

Charles Quint décide d'attaquer Alger pour en finir avec le corsaire Barberousse. Excepté la France, tous les pays Nord Méditerranéen participèrent d'une façon ou d'une autre à cette expédition.

23.500 hommes et 516 navires furent rassembles pour le débarquement.

Les combattants allemands étaient commandés par Charles le Quint, les espagnols par Ferdinand de Gonzague, les italiens par les Camille Colonna.

Après le débarquement, les troupes de Charles le Quint, constamment harcelées par les forces locales, parvinrent néanmoins à gagner les hauteurs de la ville et installer leur quartier général. Des siècles plus tard, au même endroit, sera édifié : Fort l'Empereur.

L'Empereur et ses généraux étaient convaincus qu'ils ont ferait une bouchée d'Alger. Les murs d'enceinte étaient très faibles, et l'artillerie des forces locales peu nombreuse. Même l'Agha Hassan dey d'Alger était terrifié.

Mais Alger avait une arme secrète puisée dans une légende berbère nommée : « *Aratal En Thaghat*[27] » ou

---

[27] Légende kabyle : Une vieille femme et sa chèvre furent bloquées des jours durant par un torrent qu'elles ne pouvaient traverser en Janvier. Au mois de Février par un temps ensoleillé, le torrent se dissipa, la vielle et la chèvre purent traverser le torrent devenu ruisseau. Lors de leur traversée, et l'une et l'autre, proférèrent une kyrielle d'insultes envers « Janvier ». Ce dernier fou furieux courra vers Février et

« l'Emprunt de la Chèvre ». L'élément essentiel de la bataille fut le mauvais temps. (Nordman, 2006)

Un après-midi durant les préparatifs de l'assaut sur Alger, le ciel devint subitement orageux. Le soir de la même journée, sous un froid glacial, de fortes pluies tombaient sans arrêt. Chemins et ruisseaux devinrent torrents, les soldats pris au dépourvu et sans abri, grelottaient de froid. Pendant la nuit, le vent se leva avec fureur et fracas. Les incessantes rafales faisaient rompre les câbles des navires qui s'entrechoquaient. Submergés par d'immenses vagues, les bateaux coulaient avec leurs cargos.

Quand finalement la brume se leva, elle dévoila le désastre de la flotte impériale.

Cent cinquante navires de diverses grandeurs étaient irrécupérables de même que leur contenu : Militaires, marins, armes et bagages, matériel de guerre, munitions, vivres et couchages, furent engloutis.

L'expédition de Charles le Quint se solda par un cuisant échec et l'empereur doit rembarquer sans pouvoir prendre la ville.

(Heers, 2008)

---

lui demanda de lui prêter une journée. Ce qui fut fait, le ruisseau redevint torrent, et la vieille et la chèvre furent englouties par le courant.

Morisques expulsés d'Espagne 1609

En 1609, un édicte d'expulsion des Morisques est issu par Philipe III. Parmi ces derniers, certains se convertirent au christianisme, d'autres s'installèrent en Europe et au Moyen- Orient, la majorité d'entre eux émigrèrent au Maghreb. Plus de 50 000 familles s'installèrent dans les villes d'Alger, Oran, Tlemcen, Nedroma, Mostaganem, Cherchell, Blida, Koléa, Ténès, Constantine. Les Morisques apportèrent leur savoir-faire et introduisirent des innovations dans les domaines de : L'habillement, La gastronomie, les arts, la musique, l'artisanat, l'irrigation, l'agriculture. Beaucoup d'entre eux savaient lire et écrire, les souverains locaux les incorporèrent dans l'administration des affaires publiques. (Chergui, 2010)

Les Raïs

Au 17ème siècle, des Raïs originaires des côtes Atlantique et Mer du Nord rejoignent les corsaires d'Alger : Anglais, Flamands, Français du Nord, Allemands, Danois remplacent les Raïs génois ou calabrais. Avec ce nouvel apport, les corsaires élargirent leur espace d'action, et leurs prises furent énormes.

Une prospérité inattendue se développa à Alger qui subit une explosion démographique. C'est dans ce cadre que certains auteurs mentionnent que la population d'Alger comptait environ 100.000 personnes.

Voici quelques activités des corsaires d'Alger :

- 936 navires capturés entre 1613 et 1623
- Sliman Raïs et Morad Raïs, tous deux Flamands, s'emparent en 1613 des îles de Santa Maria et de Pègue, sur la côte atlantique espagnole.
- En 1627 Kur Morad, renégat allemand, pille les côtes islandaises et danoises.
- En 1631 le même Morad ravage le littoral de Cornouailles et d'Irlande.
- Au 17ème siècle, les raïs renégats furent supplantés par les Turcs d'Anatolie, mais ils gardèrent une grande influence dans les affaires. Tel qu'Ali Piccinni, originaire d'Italie, vrai maitre d'Alger de 1638 à 1645.
- Dés l'intronisation du Dey Chaouch au début du 18ème siècle, les Turcs d'Anatolie ou Albanais occuperont ces postes. Une exception serait, le raïs Haj Mohamed qui était juif converti à l'Islam.
- Raïs Hamidou. Seul Raïs d'origine Algérienne. Il captura une frégate de guerre portugaise. Il fut tué au Cape Gata par un escadron américain commandé par Stephen Decatur en 1815. Les autorités algériennes ont baptisé, l'ancien quartier Saint-Eugene à son nom.

A partir du 18ème siècle la flotte corsaire est en déclin, les renégats sont graduellement remplacés par des

Turcs d'Anatolie, Alger fut souvent bombardée par les navires européens. (Societe HIstorique Algerienne, 1860)

Gouvernance Ottomane

Durant l'occupation ottomane qui a duré plus de 3 siècles, la gouvernance et les lois changeaient souvent. Les récits des historiens, voyageurs, diplomates en poste à Alger, rapportent des faits du temps de leur séjour. Ces faits semblent parfois contradictoires, mais les changements sont réels, bien que parfois momentanés.

- 1533-1587. Epoque des Beylerbeys qui gouvernent avec l'assistance d'un « *diwan* », conseil de janissaires.
- 1587- 1659. Epoque des Pachas triennaux, envoyés par Istanbul. Le vrai pouvoir restait toujours aux mains de Janissaires. Leur principal rôle est la collecte d'impôts, le maintient de l'ordre public, et le payement des honoraires de l' « *odjak* », armée et milices.
- 1659-1671. Epoque des Aghas qui s'étaient révoltés contre les Pachas. Les 4 Aghas qui gouvernèrent durant cette période furent assassinés. Les Pachas furent rétrogradés à un rôle secondaire.
- 1671- 1830. Epoque des Deys. 10 des 11 Deys qui occupèrent ce post entre 1671 et 1710 furent assassinés. Istanbul cessa d'envoyer des Pachas

en 1711 où le Dey devint unique représentant du Sultan.

- A la fin du 18ème siècle la régence d'Alger, correspondant à l'Algérie actuelle sans le Sahara, était une dépendance de l'Empire Ottoman. Elle était dirigée par un Dey vassal du Sultan d'Istanbul. La Régence comprenait Alger, la Mitidja ainsi que trois Beyliks : Titteri, Oran et Constantine, ces derniers étaient dirigés par des Beys, eux-mêmes vassaux du Dey d'Alger.

Hussein, dernier Dey de
l'occupation imperialiste
ottomane

dernier Dey d'Alger

Dessiné d'après nature à la Casaubre
le 7 Juillet 1850.

Source Gallica.bnf.fr. Bibliotheque nationale de France

Image 35   Dey Hussein

Le Dey a autorité sur les régions limitrophes d'Alger : Seboua, Médéa, Meliana, Beni Jaad, Blida, et Boufarik. Ces régions sont supervisées par des Caïds pour la collecte d'impôts. Afin de maintenir leurs postes, ces Caïds doivent payer un tribut mensuel et fournir systématiquement des dons au Dey.

La Régence d'Alger était gouvernée, depuis le début du 16ème siècle, par l'*Ojak*, armée ou milice. Le système de *l'Ojak*, est construit sur toute une gamme de discriminations selon l'appartenance ethnique. Les Turcs d'Anatolie constituaient l'élément principal de la milice. Cette dernière constituait à la fois le gouvernement et l'armée de la régence.

L'administration du Dey était dirigée par un corps de *Khoja*, scribes, utilisant la langue arabe au sein de la bureaucratie, mais la langue turque prédominait dans la correspondance à haut niveau. (Rinn, 1900)

Les Ottomans et les grands chefs tribaux algériens, tenaient le pays sous une autorité sans limite ni contrôle. Les chefs algériens se réclamaient de la « noblesse héréditaire ». Ces derniers revendiquaient une légitimité religieuse auprès de leurs compatriotes en se proclamant « *Chérifs* ou *Chorfas* » descendants du prophète. Alors que les racines de ces charlatans se trouvaient solidement plantées en terre berbère.

Chefs de régence et chefs de tribus étaient tous feudataires du sultan d'Istanbul. Ils avaient obligation par tous les moyens du recouvrement de l'impôt, ainsi que la sécurisation des routes reliant Alger à Constantine, Oran, et Biskra.

La gouvernance de la Régence abritait l'anarchie. Après trois siècles d'occupation, les Ottomans n'avaient point développé de culture administrative, ni établi de règles traditionnelles qui à défaut de législation, assureraient la sécurité des biens et des personnes. Le sens de l'autorité était soumis au hasard des coups de force, de l'astuce, et de la « *Hogra*[28] ». Le poignard du janissaire, faisait un Dey, un brigand s'intronise Caïd. Le Beylik dédaignait l'apaisement, il cultivait le trouble et fomentait des conflits, suivant le vieil adage « Diviser pour régner ».

L'Odjak, armée et milice ottomane

Initialement l'armée terrestre était formée de Turcs d'Anatolie. Ces derniers sont descendants de tribus nomades turkmènes qui vivaient dans la région de l'Altaï en Asie centrale où les frontières de la Russie, de la Chine, de la Mongolie et du Kazakhstan se rencontrent. Ces nomades, connus à un certain moment sous le nom de « Kok-turk », furent enrôlés dans les rangs des forces byzantines pour combattre les Sassanides. Au 9ème siècle, les Seljuks, membres d'une tribu importante convertie à l'islam, prirent de

---

[28] Abus de pouvoir

l'importance dans la région et devinrent une force redoutable. Un groupe de ces tribus se dirigea vers l'Anatolie en 1071. Issu de ce groupe de Seljuks, un chef local nommé Osman fonda l'Empire ottoman dont il se proclama le sultan. Cette dynastie perdura de 1299 à 1922. Au plus haut de son pouvoir, l'Empire contrôlait une grande partie de sud-est de l'Europe, de l'Asie de l'Ouest et de l'Afrique du Nord.

Bien que la majorité des membres de la milice soient « turcs », en temps de nécessité, la milice était ouverte aux autochtones et aux renégats.

Entre autre, la milice s'occupait de la levée des impôts et des missions punitives. Chaque année en début de printemps, des soldats partaient en campagne pour une durée de 4 à 6 mois pour cette tâche.

Des supplétifs, principalement des Algériens, étaient aussi enrôlés pour aider les autorités ottomanes. Il s'agit des *Spahis*[29], issus de familles riches qui doivent acheter ce titre. Aussitôt agrée, la famille garde ses biens, ne paye pas d'impôts mais en prélève pour le Dey, tout en gardant une quote-part. Les *spahis* sont redoutés et jouissent de la protection ottomane.

L'effectif de la milice était de 12.000 vers 1754, mais en 1778, le nombre dégringola à 8.000, dont seuls 3.000

---

[29] Spahis: Cavaliers

étaient résidents de la cité. A la fin de l'époque ottomane leur nombre ne dépassait pas 4.000. (De Paradis, 1808)

Hiérarchie de la milice

Agha : Général, et chef de la justice militaire. Cependant, le terme est utilisé pour d'autres institutions, *agha* des prisons, de la police etc. Depuis que les Deys furent pourvus de la dignité de Pacha, le statut d'*Agha* est devenu parfois symbolique.

Yahyabech : Commandant des camps mobiles, ou colonel, ou encore chef de fantassins.

Boulekbeche : Equivalent au rang de capitaine.

Oudebeche : Equivalent au rang de lieutenant.

Oukil : Equivalent au rang de caporal ou sergent

Ouldache : Simple soldat.

(Grammont, 1887)

Les Janissaires

« *Les Janissaires, ramassis de toutes les races, des gens sans mœurs ni loi, ni foi, ils formaient une classe d'indisciplinés, prêts à la révolte à la simple excuse, vivant dans un climat d'intrigues et de complot, profitant toujours de coups-bas pour se faire réserver la meilleure place et tirer le plus de bénéfice du trésor public. Enfants esclaves, élevés en Turquie pour devenir exclusivement soldats. Leurs origines sont principalement du Caucase.* » (Haedo F. D., 1612)

Au début de l'Empire ottoman, le sultan se dota d'un corps d'élite dévoué uniquement à sa personne et à la pérennité de l'Empire. Pour assurer sa protection et celle de ses proches, ce corps d'armée, les « *Yenitcheri* », janissaires, enfants, jeunes recrues en Turk, fut constitué en 1330 par le sultan Orkhan, fils d'Osman 1er.

Bien que « vieilli », le terme « *Yetchir* » qui dérive de *Yenitcheri* et qui signifie enfant, est encore usité en Algérie. Le pluriel *du Yetchir* est *etchetchera*. Le recrutement de ces janissaires se faisait par les forces ottomanes en prélevant un jeune prisonnier chrétien sur cinq de capturés. Par la suite, l'Empire avait établi le système « *divchirme*[30] » dans les territoires des Balkans et au-delà. Ces jeunes recrues, coupées de leurs origines, converties à l'islam, recevaient une rigoureuse éducation religieuse et une stricte formation militaire. Ils formaient un corps comparable à la garde prétorienne du temps des Romains. Au début, ils étaient appelés *kapikoulou*. Ils étaient les gardiens du temple ou encore les esclaves de l'Empire. Littéralement, le mot esclave ne s'appliquait guère à leur statut pour plusieurs raisons.

---

[30] Systématique « Ramassage ou récolte » des enfants chrétiens pour en faire des « Janissaires ».

Ils percevaient un pécule, recevaient leur part de butin et possédaient des biens. Dans la régence d'Alger, les janissaires choisissaient le chef suprême militaire parmi un des leurs. Un strict règlement régentait leur vie privée et leur conduite afin de les isoler du reste de la population. Ils étaient tenus au célibat, ne pouvaient se marier qu'à leur mise en retraite et ne pouvaient s'adonner à une activité autre que militaire. Ces mesures draconiennes perdurèrent jusqu'au 18ème siècle quand finalement les personnes nées musulmanes pouvaient postuler au corps. A cette date, l'obligation du célibat fut alors révoquée et les janissaires purent enfin librement choisir leur profession

Le nombre total des janissaires à travers l'empire ottoman oscillait entre 8.000 et 65.000 depuis la fin du 14ème et le début du 19ème siècles.

Leur action militaire, était redoutée par les Européens jusqu'à la fin du 16ème siècle,

Les Janissaires passèrent par la suite aux actions politiques, notamment par l'assassinat du sultan Osman II en 1622, ils se révoltèrent aux 17ème et 18ème siècles. Ces révoltes avaient pour cause le refus de tout changement de leur corps d'armée. Le sultan voulait les affaiblir car ils devenaient une menace après leur adhésion à l'ordre religieux *Buktachi,* vilipendé par les conseillés religieux du Sultan.

En 1826 le sultan Mahmud II, en utilisant la force, est parvenu à réduire puis supprimer le corps des Janissaires d'Anatolie. Dans le sillage de ces derniers, les Buktachis furent massacrés, ou bannis. En Algérie, nombre d'entre eux fuirent Alger pour se refugier chez les Khechna sur le flanc Ouest du mont Bouzegza. D'autres s'installèrent sur le flanc Est du mont, le long de la rive Sud de l'oued Isser pas loin de la ville de Palestro. Ces derniers portaient le nom de « Zouatna ».

(Mantran, 1989), (Boyer, 1985)

Population

Ce qui était essentiel pour les Ottomans, c'était la collecte des impôts attachés aux locaux de commerces et de métiers, à la terre et sa production, aux animaux domestiques, ainsi qu'à toute transaction de biens et de services sur la place publique.

Pour ce, ils se basaient sur les propriétés et les biens collectifs ou individuels annotés dans les registres des percepteurs, le recensement de la population n'était point nécessaire.

Pour arriver à une estimation réaliste de la population algéroise, les chercheurs contemporains consultèrent les archives ottomanes récupérées par les Français. (Shuval, 2002)

Les résultats de cette analyse avancent que le nombre d'habitants d'Alger au 18ème siècle se situerait entre 16.000 et 25.000 personnes.

Depuis la fin du 16ème siècle, et jusqu'à l'occupation française, l'extension de l'espace bâti d'Alger n'a pas changé.

La surface de la cité couvrait 54 ha 62 ares, dont 46 ha de bâti.

Le nombre de maisons à l'intérieur de la cité fut estimé par Haëdo à 12.200, mais à partir de 1625 ce nombre s'accroit à 15.000. Toutefois l'estimation de 5.000 maisons par Venture de Paradis est plus vraisemblable.

Ces chiffres tiennent en compte les épidémies de peste qui avaient ravagé Alger. Tous les 10 à 15 ans le fléau se manifestait, et parfois décimait une bonne partie de la population y comprit le Dey Ali-Khoja qui succomba à la maladie en 1817.

Selon Venture, une rapide augmentation de la population d'Alger débuta au 16ème siècle pour se stabiliser autour de 100.000 habitants durant le 17ème siècle. Ce chiffre dégringole à partir 18ème siècle pour atteindre 30.000 en 1830.

La surface de la ville s'étendait sur 54 hectares, le chiffre de 100.000 est erroné, car la densité d'Alger serait alors de 10 à 15 hab/m2, ce qui est statiquement incongru. Selon une estimation de 2010, le Grand Tokyo, aurait une densité d'environ 1 hab/m2.

En 1962, la Casbah comptait 1 700 bâtisses et immeubles.

Les différentes Communautés

Les Ottomans d'ethnie turque étaient peu nombreux à Alger, ils administraient le Beylik et s'associaient rarement aux Algériens qui formaient 3/4 de la population.

La population civile était divisée entre « *Baldi* », citadins résidents permanents, et « *Berrani* », gens de l'extérieur même s'ils avaient résider dans la cité depuis des générations.

Autrement dit ; les *Baldi* sont ceux qui ne pouvaient retracer leurs origines à l'Algérie, la majorité d'entre eux étaient des refoulés d'El Andalous.

Selon Shuval « *Nous considérons comme baldi les civils dans notre corpus dont l'inventaire ne porte aucune mention d'origine, il était d'usage de mentionner les origines seulement dans le cas des barranya, et non pas dans le cas des baldi. Le fait que, dans notre corpus qui compte 1 515 inventaires de civils, aucun ne porte la mention baldi, ou Jazairi, semble significatif et justifie notre choix* ».

Les *barrani* se regroupent en communautés selon leurs origines géographiques. Ils résident principalement dans la Haute Casbah. On y trouve les originaires de la région de Kabylie, de Biskra, De Jijel, du Mzâb, de Laghouat, et des Bibans

Les *barrani*, ainsi que les juifs, formaient des communautés avec leur propre police qui s'occupait du maintient de l'ordre. Leurs chefs servaient d'interlocuteurs vis-à-vis des autorités ottomanes. Les membres de ces groupes gardaient leurs particularités et ne s'intégraient pas à la population citadine.

Les éléments d'Afrique subsaharienne et les affranchis étaient aussi considérés *berrani.*

Les Baldi

La majeure partie de la population à Alger était composée de *baldi* selon nombre de voyageurs et de chercheurs.

Ils forment une population fière de sa condition citadine, qui rejette tout lien avec les Berbères et les Arabes. (Boyer, 1985)

Dans diverses estimations de voyageurs, notamment celles remontant à la fin de l'époque ottomane, les *baldi* représentaient environ 60 % de la population de la ville d'Alger.

Venture de Paradis estime leur nombre à 32.000 sur un total de 50.000. M. Rozet estime qu'il y avait 18.000 *baldi* parmi les 30.000 habitants de la ville.

« Sur un total de 1.515 inventaires après décès des civils, toutes périodes confondues, le nombre d'inventaires des baldi s'élève à 993 (environ 66 %), ce qui parait confirmer cette évaluation. » (Rozet & Carette, 1850)

Les *baldi* étaient l'élément stable de la ville, formant la base économique de la société, ils s'impliquaient dans le commerce, l'artisanat, et le négoce sur terre et mer. Ils s'y étaient établis en faisant la cour aux puissants turcs, s'étaient adonnés à des métiers et au commerce. Ils avaient pris des fermes, fait la course et le trafic des esclaves. Ils étaient propriétaires de maisons et de biens de campagne.

Sous les ordres du dey d'Alger, des beys, ou aghas, ils occupent les emplois régissant leur communauté.

L'éducation, reçue aussi bien à la maison et en dehors de celle-ci, facilitait leur intégration au sein de la société. (Shuval, 2002)

Les Kabyles

Du temps de l'occupation ottomane, les Kabyles, branche des Berbères du Centre Nord d'Algérie, liés à la confrérie Sanhaja, se divisaient en deux groupes importants : Les Iflissen et les Zwawas ou Ighawawen. Les autorités ottomanes n'ont jamais put soumettre ces Kabyles.

Les montagnes des Ifflissen comprennent la Kabylie maritime qui s'étale de Dellys jusqu'à Collo; celles des Zwawa sont plus au sud en passant par le Djurjura. Les Zewawa avaient près de 300 villages; ils ne payaient pas d'impôts. Certains descendaient sur Alger pour rejoindre leur communauté implantée à Alger avant l'arrivée des Arabes, et qui jouissait de quelques privilèges.

Les montagnes inaccessibles de Kabylie les mettaient à l'abri des vexations des Turcs, mais entre eux, c'est la vendetta permanente. Les plus faibles se faisaient soutenir par les Ottomans, qui profitaient de ces divisions pour casser toute union kabyle. Dans la Casbah, les Kabyles formaient la majorité de la population. (De Paradis, 1808)

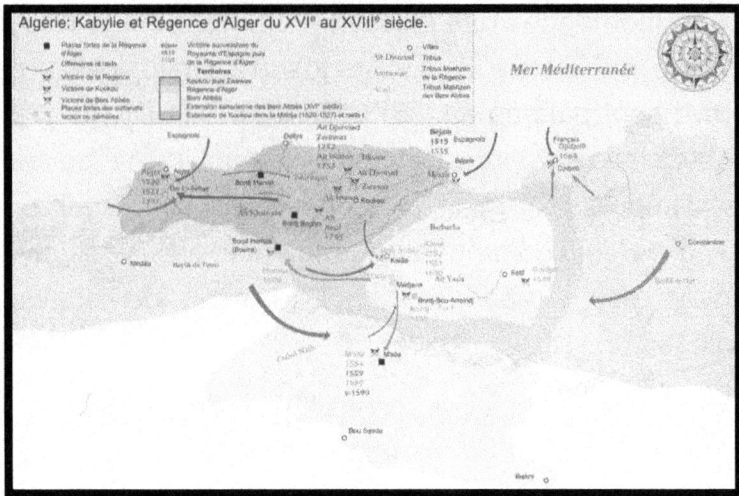

Image 36   Carte de Kabylie

Les Jijelis

Les gens de Jijel furent les premiers à accueillir les corsaires ottomans en Algérie. En conséquence, ils jouissaient des mêmes privilèges que les Turcs d'Anatolie, à l'exception de la paye. Ils pouvaient porter des armes, s'habiller avec des broderies en or, et se battre avec et pour les Ottomans.

Ils avaient le monopole des fours du *beylik* pour le pain des soldats et des esclaves. Ils composaient un groupe « beaucoup plus petit que les autres groupes des *barrani* ».

Les Mozabites.

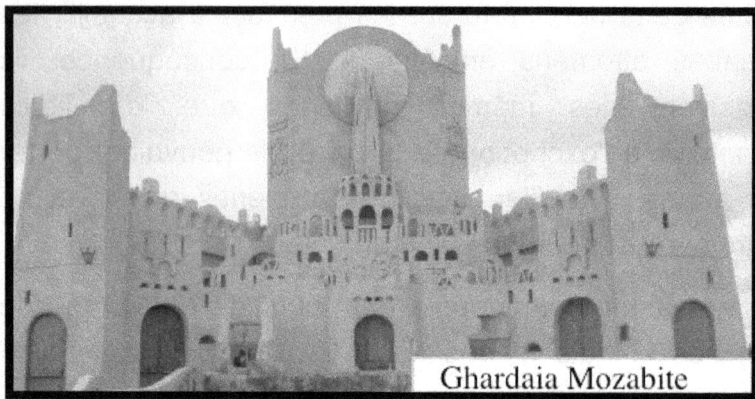

Ghardaia Mozabite

Image 37   Ghardaia

Originaires du Mzab, cette communauté berbère formait un corps séparé qui se dotait d'un *Amin*[31] parmi les leurs. Ce sont eux qui avaient le monopole des moulins à grains. Ils jouissaient de privilèges à cause de leur dogme religieux qui est musulman *ibadite*[32]. Les sunnites d'Alger considèrent les ibadites d'hérétiques. Comme les juifs, ils ne figuraient pas sur les registres.

---

[31] Amine
[32] Ibadite:

Les Mozabites formaient une communauté soudée et hermétique, ils étaient aussi épiciers, marchands de tissus, tenanciers de hammams, gargotiers.

Les Biskris

Oasis de Biskra

Image 38   Biskra

Originaires de Biskra, lointaine oasis, ils venaient à Alger faire les travaux assez pénibles, portefaix, gardiens de prises pour les corsaires, porteurs d'eau, et valets. (De Paradis, 1808)

Les Morisques

L'immigration massive des morisques au Maghreb en 1609 déstabilisa la société algéroise.

Leur arrivée fut source de conflits et de querelles partout au Maghreb. Par contre, ils furent bien accueillis par les Zianides de Tlemcen. Dans le long terme, beaucoup d'entre eux s'avérèrent ingénieux, lettrés, et cultivés. A la longue ils fusionnèrent avec la communauté Baldi à laquelle ils s'apparentent. Les Morisques peuvent être discernés à leur apparence physionomique « claire ». Leur multi-générationnelle implantation en Péninsule Ibérique et leur métissage avec les Visigoths et autres Européens du nord, les démarquaient de la population locale algérienne. (De Circourt, 1846)

Les Marabouts

Le mot marabout est la translitération du mot « Mrabat » qui est lui-même lié au mot Ribat. Le mot Ribat vient du verbe arabe Rabata, signifiant : attacher, lier, retenir. En similitude avec la religion chrétienne, nous trouvons le verbe latin *religare* qui signifie lier, attacher, d'où dérive le mot *religio* qui signifie d'une façon figurative, ce qui attache ou retient à la moralité, la conscience, le devoir, la divinité, autrement dit la religion.

Les Ribats étaient initialement des fortifications bâties sur les frontières de l'empire musulman. Ils servaient aussi de centres d'entraînement pour le Jihad. Ils formaient des garnisons de volontaires qui défendaient les régions conquises par les musulmans, et prêtes à de nouvelles conquêtes. Certains de ces Ribats étaient en plus des établissements d'études islamiques où les parents envoyaient leurs enfants acquérir le savoir ainsi que la garantie d'une bonne situation sociale, une fois leur apprentissage achevé.

Les confréries adoptaient un ordre religieux qu'elles pratiquaient au sein d'une zaouïa dirigée par un Mrabat. Les ordres religieux pouvaient fusionner ou éclater en plusieurs branches. Ils s'inspiraient du Soufisme qui est l'aspect mystique, ascétique de la religion musulmane. Les chefs spirituels, les adeptes et les disciples de ces confréries sont engagés dans la consolidation et la promotion de l'Islam. Les confréries à travers leurs disciples, jouèrent un rôle important dans les soulèvements populaires et les rapports de force en Algérie. Les confréries ont joué aussi un rôle important dans les alliances et les clivages des tribus qui se faisaient la guerre en l'absence d'ennemi commun.

Les marabouts, adeptes soufisme[33] et du mystique ont toujours enrobé leurs origines de mystère. Jusqu'à aujourd'hui, ils prétendent être de la lignée du prophète Mohamed et évoquent souvent Seguia EL Hamra comme leur lieu d'origine.

Seguia El Hamra est une rivière le plus souvent à sec, prenant naissance à l'est de Sidi Ahmed Laarassi, passant par Imedran puis El Aioun, et qui se jetait dans l'Atlantique à Foum El Oued. Cette région est située au Nord du Sahara Occidental. Il arrive souvent que cette région ne reçoive pas de pluie pendant trois années consécutives.

---

[33] Le soufisme prône un rapprochement avec dieu à travers une dimension spirituelle de l'individu, il prône aussi l'ascétisme pour atteindre ce but. Il use du mystique pour signifier que dans l'absolu chaque chose est munie d'un aspect dissimulé.

Plusieurs zaouias s'établirent dans ce lieu hostile.

Les Marabouts s'identifient implicitement aux « Morabitines » ou Almoravides, une dynastie berbère qui régna sur le Maghreb et l'Espagne pendant plus d'un siècle.

Beaucoup de Morisques refoules au Sud du Maroc, dans la région de Seguia El Hamra, pour trouver refuge dans ce monde spirituel et oublier les aléas du monde temporel, devenu soudain infâme, parce qu'il les avait rejetés. Un endroit pour trouver la sérénité et la paix de l'âme. Ils s'étaient donné une ultime raison de vivre en se mettant au service de l'Islam. Ils s'étaient autoproclamés missionnaires auprès de communautés qu'ils jugeaient ignorantes, rustres, pauvres et lointaines pour consolider la religion musulmane selon leur propre interprétation.

Les Mourabitines usant du stratagème d'une tradition préislamique, concernant la cooptation par allégeance ou par co-allaitement, se proclamèrent de la lignée généalogique du prophète Mohamed. A leurs yeux, et aux yeux des ignares, ce distinguo les plaçait dans la

141

catégorie des « *Chorfas* », un atout pour la légitimité religieuse.

Les marabouts quittèrent ce lieu aride et austère qu'était les Sahara occidental pour aller vers l'Est.

Contrairement à la perception populaire en Algérie, le maraboutisme n'est pas nécessairement le soufisme. Certains marabouts ne s'étaient pas opposés dans la forme, aux pratiques spirituelles et ancestrales des communautés converties à l'Islam. Cette ouverture d'esprit fut abusée et spoliée par quelques marabouts qui étaient devenus de vrais chamans. Les conservateurs musulmans, âpres ennemis du soufisme, réduisirent cette philosophie au chamanisme et réussirent à passer l'idée que le soufisme était synonyme de charlatan, sorcellerie, idolâtrie et magie noire. Alors que le soufisme est basé sur une philosophie d'ouverture d'esprit. (Bacha, 2011)

Il existe deux importants Marabouts à Alger :

— Abderahman Thaalabi, descendant des Aribis Thaalabis, installés à la Mitidja par les dirigeants de la dynastie berbère Zianide.

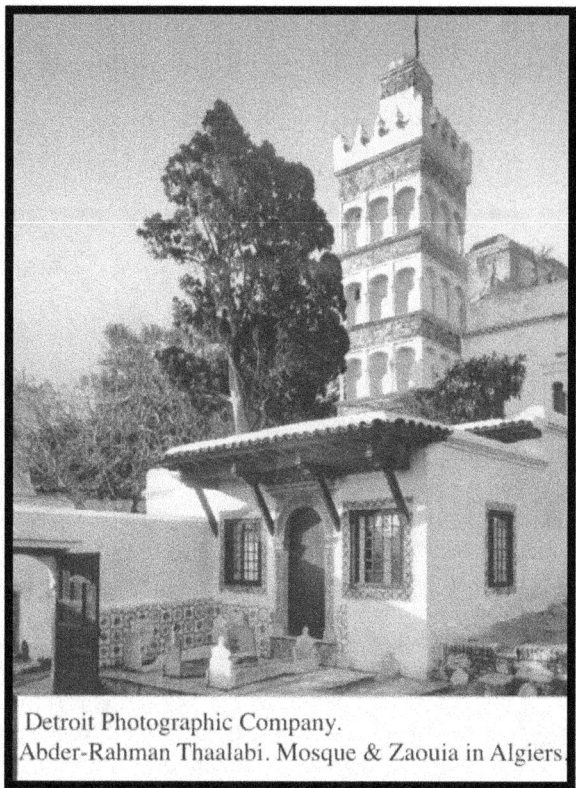

Detroit Photographic Company.
Abder-Rahman Thaalabi. Mosque & Zaouia in Algiers.

Image 39   Zaouia Thaalabi

— Le Marabout M'hamed Boukabrine, El-Djerdjeri, issu des Ait Smaïl de la tribu berbère des Iguejtoulen, dans la région de Boghni en Kabylie.

Tombeau de M'hamed Bokabrine

Image 40   Tombeau Bokabrine

Le mystere Bokabrine (détendeur de deux tombes) est propre au mystique soufi.

Le marabout M'hamed bokabrine, quitta son pays pour aller étudier à l'université al-Azhar en Égypte.

Après une absence de 30 ans, il revint chez les Ait-Smaïl et il fonda la zaouïa Khalwatiya. Il décide par la suite de s'installer à Alger pour y fonder une autre zaouïa. Il choisit de s'installer dans ce qui sera plus tard le quartier du Hamma. Cette zaouïa, accueillait les pauvres, les orphelins et les étrangers. Après sa mort un conflit éclata entre les Rahmani d'Alger qui, voulaient le voir enterré dans la grande zaouïa, et les Ait-Smaïl qui avait déjà enterre le Marabout chez eux en Kabylie. La dépouille disparait et réapparait au cimetière de la Zaouia d'Alger, telle qu'elle fut enterrée en Kabylie. Depuis M'hamed Abderahmane est surnommé Bokabrine - le saint aux deux tombeaux. Certains croient à un acte divin, les Kabyles soupçonnent les Algerois d'avoir simplement volé la dépouille.

En 1880, il y avait à travers l'Algérie 115 familles maraboutiques n'ayant aucune attache avec les ordres religieux à savoir : 20 dans la région d'Oran, 55 dans celle d'Alger et 40 dans celle de Constantine. (Bacha, 2011)

Les Marabouts d'Alger percevaient un quota des profits de la piraterie des corsaires. (Shuval, 2002)

Les Oulémas

De part leur pseudonyme « Oulémas » qui signifie « savant » en Arabe, ils se démarquaient des Marabouts parce qu'ils formaient un ordre religieux spirituel sans attache à une institution physique ou des édifices spécifiques comme les zaouias. Ils étaient plus impliqués dans la politique à grande échelle.

En porte à faut entre gouvernants et gouvernés, sous bannière religieuse, ils représentaient toutes les couches socio-économiques de la cité. Ils formaient un groupe cohérent qui prétendait œuvrer pour le bien-être du musulman en le consolant dans sa misère.

Les Oulémas œuvraient pour cloitrer l'Algérien dans un moule exclusif avec l'Islam pour religion et l'Arabe pour langue. Ainsi sera colmatée l'identité algérienne en déniant toutes autre composante sociale, culturelle, ethnique, et religieuse. Notamment la composante berbère qui représente le socle de la population algérienne.

Les Oulémas aspiraient à maintenir la pérennité apparente de « la tribu ». Une pérennité de la collectivité arabo-musulmane de l'époque, non seulement coincée au point-mort, mais qui essayait et qui essaye toujours de faire marche-arrière, et ceci depuis la débâcle de Boabdil en 1492.

Que puisse-t-on attendre d'une société qui reste figée dans une époque révolue depuis plus de cinq siècles ?

Le groupe des Oulémas durant la Régence d'Alger, comptait environ cinq cents personnes, l'appartenance à ses rangs pouvait signifier aussi le début d'une ascension dans la hiérarchie sociale.

Comme les Marabouts, ils exerçaient une influence considérable sur la populace, à laquelle ils servaient, de moyen d'expression. Ils étaient bien dangereux pour le pouvoir ottoman qui les tenait à l'œil tout en leur allouant quelques petites faveurs. Une partie des impôts perçus sur les juifs était attribuée aux Oulémas. (Shuval, 2002)

Les juifs

La communauté juive comprenait deux groupes, l'un présent en Algérie depuis l'antiquité, et l'autre composé des nouveaux débarqués d'Espagne après la Reconquista. Ils avaient le statut de « dhimmi ». Leur nombre est difficile à cerner. M. Hoexter, estime que la communauté des juifs constituait environ 17 où 18 % de l'ensemble de la population d'Alger au 18ème siècle. Ils tenaient des boutiques versées dans la mercerie ou d'autres petits objets qu'ils achetaient aux corsaires. De nombreux juifs étaient bijoutiers ; ils parlaient l'arabe algérien et s'habillaient comme les Algériens. Les juifs originaires d'Afrique du Nord, constituaient l'élément ancien, ils avaient adopté les mœurs et coutumes du pays et vivaient dans la servitude.

Un autre très petit groupe de convertis est celui des juifs qui avaient adopté l'islam, désignés par le mot « islami » ou sellami. (Haedo F. D., 1612)

Les chrétiens

Originaires d'Europe, faits prisonniers par les corsaires. Au 17ème siècle leur nombre était entre 2.000 et 3.000. En partie, ces prisonniers se convertissaient à

148

l'islam, après quoi, ils étaient désignés par l'appellation « *Alj* », ou *Allouche*, pour les hommes, et « *Alja* » pour les femmes. Beaucoup d'entre eux croupissaient dans les prisons, comme Cervantes, d'autres pouvaient circuler en ville. Les plus malheureux étaient ceux qui ramaient sur les galères.

(Haedo F. D., 1612)

Les Oussifs

Originaires d'Afrique subsaharienne, les *oussifs* constituaient un groupe distinct dans la population d'Alger. Leur nombre est difficile à estimer, tout de même sur un échantillon de 1.515 civils, Shuval et son équipe ont identifié 218 *oussifs*. Ce groupe se composait en grande majorité de femmes. Venus principalement du Sahel, ils vivaient chez des familles qui les utilisaient comme domestiques. Certains parmi eux travaillaient comme hommes libres et se spécialisaient dans le traitement de la chaux appliquée aux murs, aux terrasses et aux puits. (Shuval, 2002)

Les Kourouglis

Le terme *kourougli* est la combinaison de deux mots turcs *kolu* et *oghlu* ou fils d'esclave. Les membres de cette communauté étaient issus de l'union de femmes algériennes et de janissaires ou soldats de l'*odjak*. Ils étaient peu nombreux à Alger. A défaut d'un mariage formel qui leur était interdit au 16ème siècle, les autorités appliquaient la loi à leur convenance. En général, l'union était permanente, les couples formaient des familles. Les *Kourouglis* constituaient une communauté distincte apparue en Algérie durant la domination ottomane. Ce phénomène se produisit aussi en Tunisie et en Libye.

La population *kourouglis* ressemblait en bien des aspects aux janissaires. Les membres de ce groupe se distinguaient des Algériens par leur connaissance de la langue turque en plus de leur langue maternelle qui était l'arabe algérien ou le berbère. Sous l'Empire ottoman, la langue turque était parlée uniquement par l'armée et les fonctionnaires, c'était la langue utilisée dans tout document officiel, sa rédaction se faisait en caractères arabes. Les *Kourouglis* se distinguaient aussi par des traits physiques dominants chez les Européens. Musulmans, comme leurs ascendants janissaires, ils suivaient la doctrine *hanafi* parmi les rites de la charia et non le rite *maliki* comme le reste de la population algérienne.

Le nombre de Kourouglis, à travers toute l'Algérie, peut être évalué entre 9.000 et 10.000 individus.

Les *Kourouglis* qui s'identifiaient aux Turcs, n'avaient pas les privilèges de ces derniers. Ils représentaient plutôt une menace pour les Ottomans qui les tenaient à distance du pouvoir. (Grammont, 1887)

Commerce et artisanat

Les visiteurs d'Alger ottomane relatent la fabrication de grandes quantité de toiles grossières en lin qui était utilisée par la population locale. En revanche, les ceintures de soie brodée d'or ou d'argent, ainsi que les *haiks*, étaient expédiés au reste du Maghreb ainsi qu'au Proche Orient.

La fabrication des ceintures en soie nécessitait une importation de matières premières de Lyon, France.

Les Algérois fabriquaient des maroquins jaunes, noirs, violets et rouges, pour la consommation locale. Le cuir était produit en grande quantité et exporté par bateaux pleins.

Les inventaires après décès des plus riches parmi les baldi révèlent d'autres activités économiques tels que les transactions de monnaies et de biens.

(Shuval, 2002), (Masson, 1903)

Selon le témoignage de Venture, l'« industrie » du textile algérien avait su résister au 18ème siècle aux essais de pénétration des marchandises européennes, grâce à sa qualité supérieure : c'était le cas des « rubans couleur écarlate et violet. Toutes les marchandises importées étaient des objets de luxe ; à l'exception des soies écrues, elles ne pouvaient alimenter aucune industrie locale. La liste d'importations de la Régence, établie par le consul américain Shaler en 1822, montre clairement « *le caractère très particulier des objets importés, était un complément indispensable de la production locale* ». (De Paradis, 1808)

Agriculture

Il y avait plus d'un millier de « *houch*[34] » aux alentours d'Alger. Ces exploitations agricoles appartiennent aux Ottomans, elles fournissent les denrées nécessaires aux autorités civiles et militaires. Les paysans algériens qui cultivaient ces terres, vivent dans l'extrême précarité. Une gandoura et un burnous sont tout ce qu'ils possédaient pour se vêtir la journée et se couvrir la nuit. Ils habitaient dans des« *gourbis* » dont le parterre était couvert de nattes ou de paille pour dormir à même le sol. Ils se nourrissent de figues sèches et de pain d'orge, rare sont ceux qui mangent à leur faim. Les femme et les enfants sont vêtus de haillons et marchent pieds-nus. (De Paradis, 1808)

Habillement

Le goût des Algérois aisés, hommes et femmes, se penche sur la broderie accolée à leurs vêtements. Cette dernière est révélée par des ornements en or ou en argent.

---

[34] Parcelle de terre pour exploitation agricole.

Selon De Paradis: « *L'habillement des femmes est composé d'une chemise de gaze du soie et coton coupée sur le devant comme la chemise d'un homme et même moins ouverte; elle descend jusqu'à la cheville. Les manches sont d'une largeur démesurée, et elles sont aussi larges que la longueur entière de la chemise, mais elles ne sont ouvertes que depuis l'omoplate jusqu'aux hanches. Ces manches sont entrecoupées par des rubans de diverses couleurs en soie, au milieu desquels est aussi une bande de brocard. Tout à l'entour des manches on coud encore en forme de manchettes une dentelle en or ou en argent; quelquefois même au lieu de rubans de soie ce sont des galons. Sur cette chemise est un caftan de satin ou d'autre étoffe en soie brodée qui lui descend jusqu'au mollet, ce caftan est sans manches et entièrement ouvert sur le devant. Dans la maison elle ne porte point de culottes. Elle s'entoure le corps d'une grande foute, « fouta », de soie, qui la couvre depuis les hanches jusqu'à la cheville. Elle porte sur la tête pour toute coiffure un plateau d'or ou d'argent « srima ». Ce plateau est en deux morceaux, celui qui couvre la tête et celui qui ceignant le front vient se lier par derrière. Cet ornement*

154

est encore assujetti par un bandeau de crêpe de couleur, ou d'un bandeau qui couvre la moitié du front. Une femme riche en parure met au lieu du bandeau de crêpe un « assabe » qui est un bandeau en or incrusté de perles, de diamants, d'émeraudes, etc. ; elle porte à ses pieds des bracelets, « khalkhal » en or massif et très pesants. Les bras depuis la jointure des poignets jusqu'aux coudes couverts de bracelets « souar » et chacun de ses doigts d'une bague; au moins elle en a deux paires, plus large l'une que l'autre. Chacun de ces bracelets est distingué par un nom particulier « mesyes », le gros du bras porte le « mekyes » fait en corne de buffle, orné ou non. Leurs oreilles sont aussi chargées d'ornements et percées en deux ou trois endroits pour les soutenir. Une boucle d'oreille très large, aux deux bouts de laquelle un ornement en or ou en pierreries, se nomme « dersa » ; les pendants se nomment « lemnaqach ». Les femmes riches portent aussi plusieurs chaînes, outre le collier, qui leur descendent sur la poitrine et sur le ventre.

Sur la tête elles ont un crêpe blanc ou de couleur nommé abrouk et par-dessus un haïk de laine très fin, qu'on fabrique au Maroc. Lorsqu'elles sortent, les *femmes se couvrent d'un voile « burka » qui leur cache tout le visage et le front, à l'exception des yeux. Leurs babouches ont le dessus en maroquin ou en velours, couvert d'une brode ».*

La Casbah

Image 41   Croquis Casbah

La Casbah, socle de la Medina[35] et donc d'Alger, devint célèbre avec l'arrivée des Morisques chassés d'El

---

[35] Medina: ville

Andalous, et la fratrie Barberousse. Les maisons, grandes ou petites, sont toujours bâties autour d'une cour pavée en pierre ou carrelage. La majorité des maisons ont un rez-de-chaussée et un étage. Tout autour de la cour s'élèvent des colonnes de pierre ou de marbre, pour soutenir une galerie qui mène aux étages supérieurs et à la terrasse. Les appartements y sont construits dans le même ordre et dans la même forme que ceux de dessous.

Dans sa globalité, La Casbah est délimitée au nord-ouest par la mer. A l'est par le Square Port Saïd et le Boulevard Ourida Meddad. Au sud par le Boulevard de la victoire. A l'ouest par la rue Azouzi, frôlant le Jardin de Prague et finissant à la rue Icosium. Les rues reliant Bab Azoun à Bab El Oued forment la ligne de démarcation entre la Haute et la Basse Casbah.

La Casbah est compressée de maisons contiguës, souvent adjacentes, enfermées dans une enceinte délimitée par une muraille tout le long de sa circonférence.

Un autre type de cloisonnement est aussi appliqué à l'intérieur de la cité. Cette pratique typique au style urbain musulman où la ségrégation homme-femme est prédominante. La rue appartient aux hommes et les femmes reléguées à l'astreinte de leur domicile. Cette ségrégation se nomme la « *Horma* » en langage populaire. Ce terme a connotation avec harem, et aussi avec le mot « *haram* » signifiant prohibition dans le lexique religieux. (Kaddache, 2003)

Les exigences de la *horma* ont donné un standard architectural indépendamment de la fortune du propriétaire et de la taille de sa demeure. Les habitations de la Casbah sont conçues pour garder la gent féminine loin du regard des hommes, comme le prescrit la Charia.

Derrière les barreaux de fer, des lattes de bois entrecroisées et d'épais rideaux arrêtent les regards indiscrets des passants voyeurs. Les *menazehs* sont les plus aérés. Les portes sont à deux battants et sont en bois sculpté, quelquefois une portière permet le passage sans ouvrir les deux battants. Au-dessus de la porte, deux ou trois ouvertures de forme rectangulaire et

159

surmontées d'un arc en plein cintre, permettent la circulation de l'air lorsque les portes et les fenêtres sont fermées.

Les maisons sont dotées de toits-terrasses réservés particulièrement aux femmes et aux enfants. Ces terrasses communicantes, avec vue sur mer et à ciel ouvert, sont un havre de réjouissance pour les femmes qui y passent beaucoup de temps. C'est aussi le lieu de rencontre avec les voisines qui peuvent visiter presque toute la Casbah en hauteur.

Outre la division de la topographie et du statu social, il existe une autre division dans l'espace de vie, on peut ainsi dire qu'il y a la « Haute Casbah » des femmes, « *esttah* » (terrasse) et la « Basse Casbah » des hommes, « *zanka* » (rue).

Bien avant l'arrivée des Ottomans et des Français, la division se faisait déjà selon la topographie : Le djebel, habité par les plus démunis; *lawta (*le plat*)*, parsemé de résidences de notables, campements de milices, souks, mosquée et divers dépôts.

La Medina, y compris le côté littoral était encerclée par 3.100 mètres de muraille de fortification. Tout le long du périmètre, des tours de guet jalonnaient l'enceinte de la cité.

Les point d'accès, étaient au nombre de cinq : Bab Azzoun, Bab el-Oued, Bab Ajdid, Bab Labhar, et Bab Jazira. Les rues reliant les portes se rencontraient devant la mosquée Ketchaoua. (Kaddache, 2003)

Klein, rapporte que le nombre de portes d'accès était de six.

- Bab Jedid, datant du 16ème siècle, c'est par là que pénétra l'armée française, en 1830. Porte détruite en 1866.
- Bab Azoun, la porte historique d'Alger.
- Bab Lebhar, front de mer.
- Bab Jazira, aux abords de l'ancien Penon.
- Bab El Oued.
- Bab Ramdan, voisine d'el Kettar.

(Klein, 1937)

Toutefois Haedo fait mention de neuf portes, dont six avec gardes et cavaliers. Selon cette même source il y avait aussi en dehors de l'enceinte, trois « *borj* », forteresse, implantées à des points stratégiques pour contrer d'éventuelles attaques.

(Haedo D. , 1612)

Haute Casbah

Elle abrite les démunis qui habitent de modestes demeures. Des chefs de familles en général, commerçants ou artisans.

Les maisons ont des cours intérieures rectangulaires ou carrées, d'environ 4 sur 5 m de côté, cernées de chambres d'égales dimensions, avec des fenêtres qui donnent sur la mer. Les plafonds sont bas, les portes étroites, les cours recouvertes de carrelages et garnies de fleurs et de plantes aromatiques. Vu la contiguïté des lieux, l'extension des bâtisses se fait aussi bien en vertical qu'en horizontal. Pas plus de deux étages en hauteur et des maisonnettes sur les côtés.

Les maisonnettes servent de logis pour serviteurs et ouvriers.

Les rues, plutôt des ruelles sont en pente, très étroites par endroit, couvertes parfois d'une voute, et conduisent souvent dans une impasse. En dédale et sinueuses, elles sont dépourvues de trottoirs et de chaussée. Aucun attelage ne peut les emprunter, excepté quelques petits ânes qui connaissent le chemin.

Dépourvues de salles de bains, les habitants utilisent les hammams publics. Quelques maisons sont dotées de puits, et de « *bit el ma* » sorte de buanderie pour laver le linge et l'étendre sur les terrasses dominant chaque maison.

Des fontaines publiques sont disponibles pour le reste des habitants. L'espace de vie est très restreint à l'extérieur des maisons, point d'arbres ni places publiques.

Les maisons somptueuses, les palais et les palaces se trouvent en Basse Casbah.

Basse Casbah

La Basse Casbah est un piedmont qui permet la construction de maisons opulentes et qui laisse assez d'espace pour en faire un milieu urbain. Les maisons ou « *dar* » sont raffinées et les maisons adjacentes sont appelées « *douera* » diminutif de « *dar* ». Elle peuvent servir de magasins, ou d'habitation de second ordre. Certains quartiers son dédiés au commerce.

La *dar* est essentiellement une maison bourgeoise qui abrite généralement une même famille de plusieurs générations.

A défaut d'avoir un local dans les quartiers de commerce, les artisans utilisent parfois un portique rattaché à leur domicile pour exercer leur profession.

La Basse Casbah supplante et longe le site d'un ancien comptoir phénicien. Au contrebas du Mont Bouzaréah, façade sur mer, la Basse Casbah fait rade, elle est dotée d'assez d'espace en arrière-plan pour la construction d'édifice.

Les maisons sont dotées d'une cour interne cernée d'arcades et de piliers soutenant un ou plusieurs étages. Cette cour est le centre de la vie familiale, elle est souvent dotée d'un puits d'eau non potable. Les autorités ottomanes ordonnèrent aux habitants de creuser leur propre puits en prévision d'état de Siege. Les nantis se permettent de petites vasques.

Le patio est pavé de marbre chez les aisés, et de carreaux en terre cuite dans les maisons plus modestes. Les murs sont ornés de carreaux de céramique aux couleurs et motifs variés.

L'accès aux maisons est pourvu d'une chicane qui fait tampon entre le « dehors » et le « dedans ».

Au rez-de-chaussée, une grande chambre sert de *lobby* occasionnel au propriétaire pour les rencontres sociales des hommes. La femme de maison a le champ libre au niveau supérieur de la demeure. (Kaddache, 2003)

Édifices ottomans

Les Ottomans ont laissé leur marque en Algérie par les édifices, construits dans la Casbah, Alger et sa banlieue. Notamment : des forteresses, des palaces, et somptueuses villas appelées dar, quelques maisons de villégiature « hafs » en dehors de la Casbah.

Les différentes résidences officielles des gouverneurs, beys, berlebeys, et deys étaient désignées « *dar sultan* » ou « demeure du sultan ». Peu après son arrivée à Alger et avant la proclamation de la Régence ottomane, Arouj, s'installa dans les quartiers de Toumi.

Les premiers aménagements des quartiers la Casbah furent entrepris entre 1552 et 1556 par Salah

Raïs, ancien soldat de l'armée ottomane, originaire de Troie et qui fut nommé Beylerbey par le Sultan. La résidence agrandie du Chef Toumi est probablement le « *dar-sultan* » initial. Celle-ci fut détruite après l'arrivée des Français.

Dar Sultan El Jadida

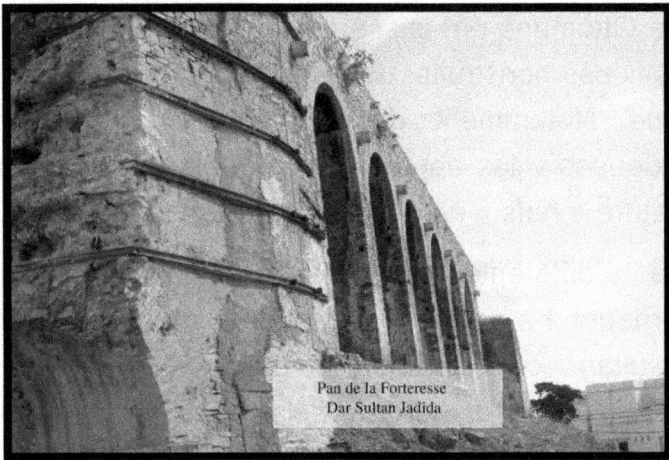

Image 43   Dar Sultan Jadida

Rempart de ce qui reste de la demeure du dernier dey d'Alger, Hussein, en haute Casbah. Le site fut rebaptisé Fort l'Empereur en honneur de Charles le Quint qui échoua dans sa tentative de la prise d'Alger. Appelé aussi Château Fort. de la Casbah.

Le Maréchal de Bourmont en prit possession en 1830.

Dar Aziza

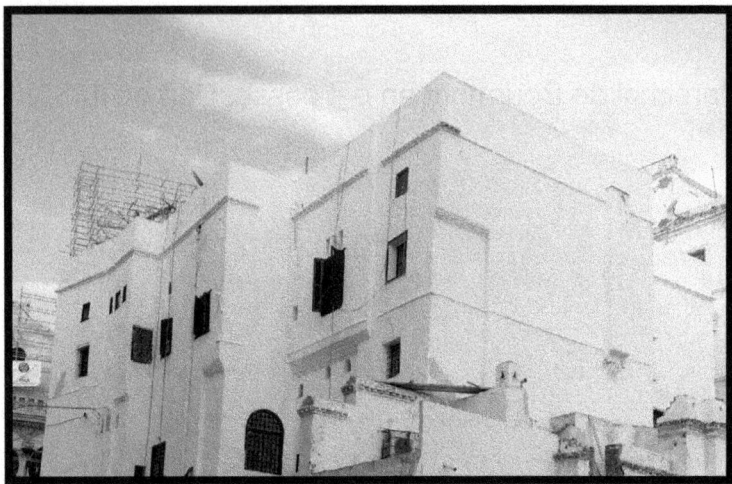

Image 44   Dar aziza

Propriété de la fille du dey Hussein, le palais fut

construit entre 1552 et 1556. Propriété de Aziza-Bey fille d'un dey, femme d'un bey de Constantine du 18ème siècle. Il fut ravagé par un incendie de grande ampleur en 1844.

Devenu l'Archevêché, durant la colonisation française. Ce palais, remarquable par ses marbres, ses faïences, ses broderies murales, devint la résidence de Monseigneur Dupuch en 1839. Là, habita aussi le Cardinal Lavigerie.

Beaucoup plus tard, partiellement restaurée, la demeure abrita le siège de l'agence Nationale d'archéologie. Actuellement siège de l'office de gestion et d'exploitation des biens Culturels protégés.

Dar Aziza se situe dans le quartier Souk-el-Djemâa, elle est délimitée par la place Cheikh Ben Badis et la rue Bab EL Oued–Bab Azzoun. Dar Aziza a subi des travaux de réfection suite au séisme de 2003.

Dar Khdaoudj El Amia

Dar Khadouja El Amia

Image 45   Dar Khadouja El Amia

Cette somptueuse demeure servit de résidence à
plusieurs dignitaires, Ottomans et Français. Elle fut

édifiée en 1570 sur les ruines de la Kouba Ben Ali par raïs Yahia. La demeure est connue aussi sous le nom de Dar Khadija El Amia (Khedija l'aveugle). Cette dernière l'a héritée de son père.

Elle fut le siège de la première Mairie d'Alger sous l'occupation française

En 1961, la palais sert de musée des arts et traditions populaires puis fut affecté l'année suivante comme siège de l'administration du théâtre algérien. En 1987, le lieu regagne sa vocation de Musée National des Arts et traditions populaires avant de connaitre une longue période de dégradation.

Dar Mustafa Bacha

Image 46   Dar Mustafa Bacha

Sa construction débuta vers 1798 par Mostafa Bacha. Après l'arrivée des Français en 1830, l'édifice fut réquisitionné au 7ème Régiment d'Infanterie Légère Le palais fut occupé par le général de Trobriant. Il fut désigné Palais d'hiver du gouverneur français d'Alger entre 1839-1841. En 1846, Il servit de siège à la bibliothèque nationale.

Apres l'indépendance du pays, il abrita le Ministère des Affaires religieuses, puis le musée de la gravure et de la miniature. Situé dans la rue du Soudan. Siege du Ministère des Affaires religieuses dans les années 1990. Le palais est classé Monument historique en 1982

Dar Essouf

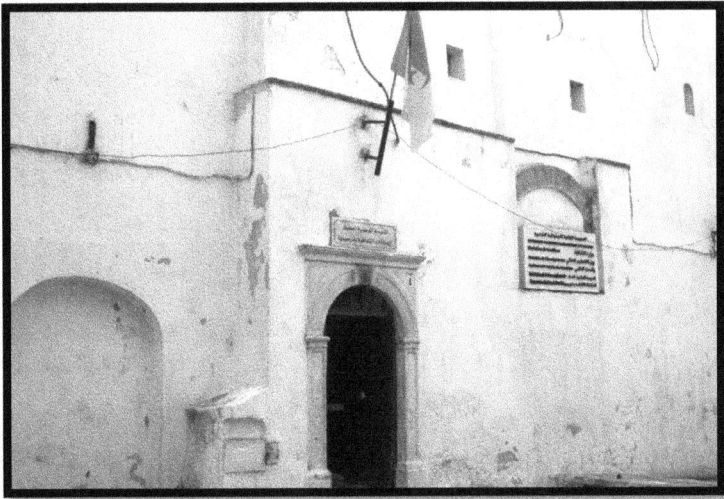

Image 47   Dar Essouf

Entrepôt de laine construit vers 1798 par les Ottomans. Durant l'occupation française, il était le siège de la cour d'assises et du parquet général. L'édifice fut occupé en 1859 par le général de Martimprey.

Pendant la guerre d'indépendance, durant la bataille d'Alger, il servit de centre d'interrogatoires et de tortures par les militaires français.

La demeure abrite aujourd'hui, le centre national de restauration des biens culturels.

Le Bastion 23 ou Palais des raïs .

Image 48   Bastion 23

Le Bastion 23 et ce qui reste d'un complexe de trois palais (17, 18, 23) ainsi que de six « douerates ». Vers 1750 la construction du site fut entamée par raïs Mami Arnaute qui doit son nom à ses origines albanaises. La voûte qui supporte l'édifice fut construite avec des pierres romaines de Rusguniae. Les magasins attenants à cette voûte furent construits en 1814 par Hadj Ali, ainsi

175

que le relate une inscription placée au-dessus de la porte d'entrée de ce quartier, sous le règne d'Hussein.

Durant l'occupation française le palais servit successivement d'ambassade des USA, pensionnat pour jeunes filles, et bibliothèque municipale. A l'indépendance du pays, en 1962, il fut d'abord squattés puis laissé à l'abandon pendant plus de 20 ans. Des travaux de restauration débutèrent en 1987.

En 1994, le Palais devenu Centre des Arts et de la culture est ouvert au grand public. Le palais est inscrit au patrimoine mondial de l'UNESCO, sous l'appellation « Bastion 23 » qui lui a été assignée par le cadastre français.

Djemaa Ejdid

MOSQUÉE EL-DJEDID OU DE LA PÊCHERIE (ÉTAT ACTUEL)
EL-DJEDID OR FISH MARKET MOSQUE (IN ITS PRESENT STATE)

Image 49   Djamaa Ejdid

La mosquée Djemaa Ejdid, du rite hanéfite (turc) fut construite en 1660. Elle représente une certaine ressemblance avec Sainte-Sophie d'Istanbul, affectée au culte musulman en 1453. Elle possède un Coran richement enluminé, don d'un sultan du 18ème siècle. Elle est dominée par un minaret dont l'horloge placée en

1857, provient du Palais de la Djénina, démoli en 1856. (Klein, 1937)

Mosquée Ketchaoua

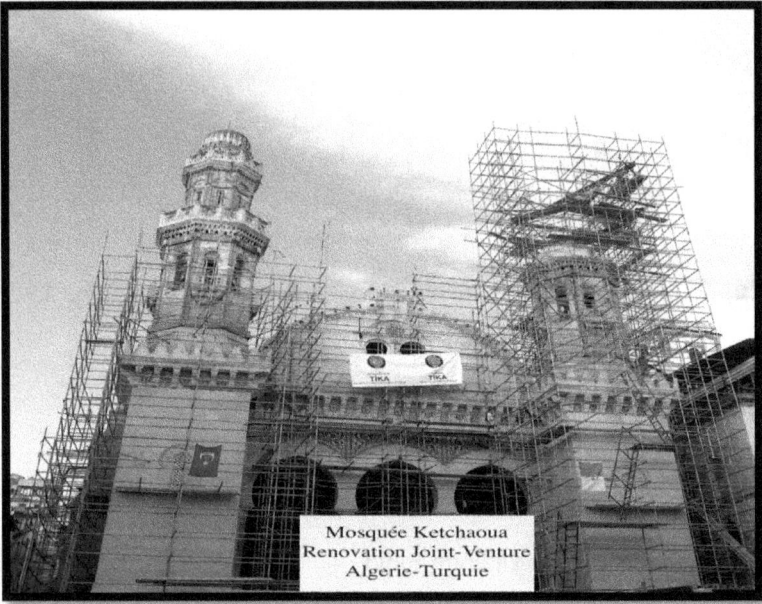

Image 50   Ketchaoua

L'image actuelle représente la mosquée Ketchaoua sous rénovation entreprise par une initiative conjointe Algero-Turque.

Vers 1436, la mosquée initiale fut érigée sur une élévation de terrain appelée « plateau des chèvres », d'où elle tire son nom en langue turque. Son expansion, vers 1613, fut l'œuvre des autorités ottomanes. Vers 1794 le dey Hassan Bacha rénova complètement l'édifice dans le style d'architecture ottomane.

Deux années après le débarquement des forces coloniales, la mosquée fut convertie en église, la Cathédrale St-Philipe. A l'indépendance du pays en 1962, elle reprend sa vocation première de mosquée.

On ignore la date de la fondation de la mosquée Ketchaoua. On sait seulement, d'après un acte de cadi, qu'elle existait déjà en 1612. En 1794, le pacha Hassan la reconstruisit suivant de plus grandes proportions et en prenant modèle sur la mosquée Es-Sida place du Gouvernement. (Klein, 1937)

Dar Hassan Bacha, Palais d'hiver

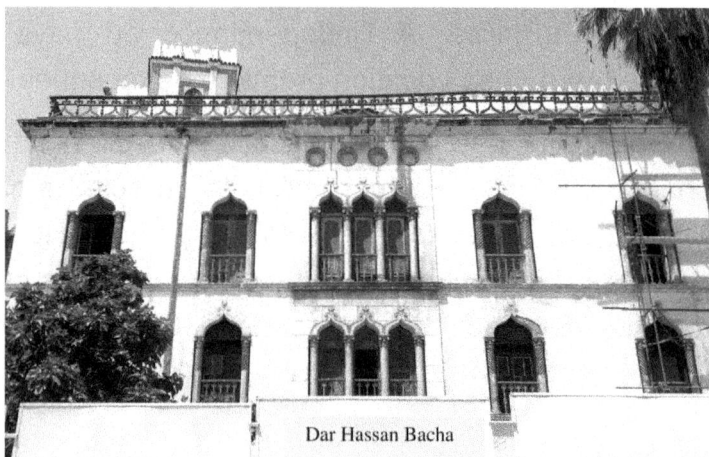

Image 51   Dar Hassan Bacha

Le Palais d'Hiver, Dar Hassan-Bacha, fut construite vers 1790. Demeure luxueuse appartenant à un particulier. La façade, complètement reconstituée, est lourde et ne répond nullement à l'ensemble architectural. A l'intérieur, le grand salon officiel est surchargé d'ornements en plâtre.

Sa porte principale dont l'encadrement de pierre se trouvait dans la rue du Soudan. Dar-Hassan-Pacha, ainsi que deux maisons de la rue du Soudan attenantes an palais, furent, après la conquête, prises par l'État.

Les Maisons Hafs

Image 52   Les Maisons Hafs

Edifices « *Ha*fs » rénovés et encore utilisés comme propriété étatique ou privée.

Langage hérité des Ottoman

Echantillon de vocabulaire introduit par les Ottomans à Alger

Bezzef : Beaucoup	Boujadi : Novice	Cheffar : Pickpoket
Derbouka : Instrument de percussion	Didane : De forte envergure	Dolma : Boulettes de viandes
Douzane : Outils	Emtchellag : Habillé de guenilles.	Gana : Également
Goja : enorme	Gourbi : Cabane	Guarragouz : Marionnette
Hogra : Abus	Kemia : Amuse gueule	Khit : Fil
Khourda : Fouilli	Lemsid : Ecole	Noba : Tour suivant
Sakra : Une cuite	Sebsi : Pipe	Serwal : Pantalon
Sniwa : Plateau de cuivre	Tabsi : Assiette	Tandjra : Marmite
Tchappa : Pioche	Chouia : Peu	Chatter : Degourdi
Chmatta : Fripouille	Farasse : Profitage	Kafiz : Hardi
Kassar : Casser	Keddache : serviteur	
Kellakh. Tromper	Khadaa : Traitre	Khasser : Gâcher
Medghoul : contrefait	Serrak : Voleur	Tchebtchak : Récipient métallique
Tchengal : Appareil de levage	Telwa : Marc de café	Tnah : Abruti
Zawali : Pauvre	Zbantit : Célibataire	Zerda : Festin

La présence Ottomane en Algérie fut une calamiteuse occupation du pays. Elle fut fondée sur la piraterie et la razzia en mer et sur terre. Le legs ottoman se limite aux vestiges de palaces conçus pour le luxe et l'ostentation de la nomenclature au pouvoir, les raïs et les riches négociants.

Durant plus de 3 siècles, les Algériens ont subit les affres de l'occupation Ottomane.

La majorité de la population fut forcée à la soumission, à l'impôt, et au service militaire exigé en temps de guerre. Les *deys, beys, aghas, et pachas* exerçaient un pouvoir quasi absolu sur les territoires conquis. Leur unique but était le maintient de l'ordre en vue du recouvrement de l'impôt par tous les moyens.

La nomenclature ou plutôt la « horde » au pouvoir, entretenait des garnisons dans des points fortifiés, appelés *borj*. Aujourd'hui il existe un bon nombre de villes en Algérie portant cette appellation : Borj Bou Arreridj, Borj Menail, Borj El Kifan etc.

La « Horde » utilisait souvent des tribus belliqueuses qui devaient répondre à l'appel et prendre les armes contre quiconque menace la Régence ou refuse de payer l'impôt. Ces tribus étaient appelées *makhzen,* elles étaient exemptes de toute contribution, sauf la *zakat,* impôt religieux.

Tout était soumis à la taxe: commerce, artisanat, récoltes, silos, marché, bêtes de somme, import-export, prise de butin. A cela s'ajoutent les *aouaïd,* dons en espèce*,* offerts aux dignitaires.

Cependant, quelques tribus Berbères, notamment les Kabyles tenaient à ne jamais payer quoi que ce soit avant la bataille du baroud d'honneur. D'autres tribus berbères étaient aussi de la révolte, pour ne citer les plus connus : Dans les Aurès, la garnison de Biskra ne s'aventurait jamais au-delà de la vallée de l'Oued Abdi. Certaines tribus du Dahra, harcelaient tous les ans l'escorte du *denouch*[36] des impôts.

Le *kolibachi*, ou *koli*, chef de police, ou un de ses hommes, pouvait bastonner berbère, arabe, ou juif, pour une quelconque infraction réelle ou imaginaire, surtout après la tombée de la nuit.

Afin de garder les populations locales dans la servitude et le dépouillement, les Ottomans faisaient usage systématique d'injustice, de vexation, d'abus physique et moral. Malgré cela, les montagnards étaient en constante révolte. (Grammont, 1887)

Alger restera sous domination ottomane jusqu'à l'arrivée des Français.

---

[36] Denouche: Gardes

Quand il s'agit de l'occupation Ottomane, les Algériens dans leur majorité, et à tous les niveaux de l'intellect, subissent une crispation du cerveau. Ils ne peuvent admettre que les Ottomans, tout comme les Français étaient des occupants qui ont spolié l'Algérie. Cette crispation est due au fait que les Ottomans étaient de confession musulmane.

7 La Colonisation Française

VUE D'ALGER EN 1816
A VIEW OF ALGIERS IN 1816

Collection JULES CARCONEL

Image 53   Port d'Alger 1816

C'est en 1579 que la France envoya pour la première fois un consul à Alger. Ce dernier avait pour mission la protection des intérêts du commerce de Marseille avec la Régence. Les premiers consuls furent en butte au *trade mark* de l'arrogance ottomane.

En 1620, un traité d'amitié fut conclu avec la Régence. Cependant, peu d'années plus tard, les corsaires de la Régence allaient ravager les côtes de Provence.

A la fin du 18ème siècle, les relations entre la France et Alger s'améliorent. La République conclu avec la Régence deux traités de paix en 1792 et 1793.

En 1797, deux négociants juifs Algérois, Bakri et Bushnak, vendent á crédit une grande quantité de blé à la France, la Régence d'Alger était parmi les créanciers. Une année plus tard, le sultan d'Istanbul apprenant le débarquement de Bonaparte en Egypte, envoya un émissaire à Alger, et ordonna au dey de déclarer la guerre à la France.

Vingt ans passèrent et une bonne partie de la dette française n'était pas encore payée. En 1818, le Dey réclama à Louis XVIII le règlement du contentieux. En 1826, Hussein écrit à Charles X pour se plaindre de la lenteur du processus, pas de réponse.

En début du 19ème siècle, Les guerres napoléoniennes perturbaient les « affaires » commerciales de la Régence en Méditerranée. La perte de revenus conduit la Régence à une dépression économique et la régression de sa domination. A partir de 1815 les navires britanniques et français dominaient la Méditerranée.

L'exportation du blé algérien se réduit drastiquement face à la concurrence des pays de l'Europe de l'Est, notamment la Russie.

Ces évènements encouragèrent les tribus de l'intérieur du pays à se rebeller contre les autorités locales. Cette insurrection déstabilisa davantage la Régence.

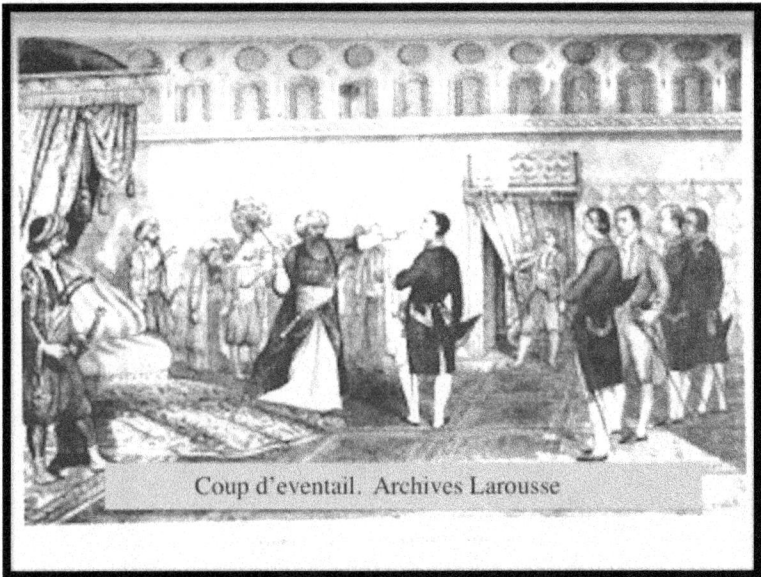

Coup d'eventail. Archives Larousse

Image 54   Le Coup d'éventail

En 1827, à la réception officielle de la fête de l'Aïd, Hussein demande à Deval, Consul de France, des éclaircissements sur la dette. Le Consul, lui demande de patienter, Hussein fut prit par « un caca nerveux » et

« *zappa* » Deval d'un coup d'éventail. Cet incident engendra la rupture des relations diplomatiques avec la France, et le blocus d'Alger.

Trois ans plus tard, le « *zapping* » fourni le prétexte du débarquement des forces françaises à Alger. Charles X en quête de gloire envisageait la conquête de l'Afrique. Il saisit alors l'occasion pour monter une expédition punitive sur les côtes algériennes. (Albertini, Marchais, & Yver, 1937)

Le Débarquement Français

Debarquement Sidi Ferruch 1830 . Pierre Gilbert

Image 55   Débarquement Sidi Ferruch

Sous le commandement du général Bourmont, le 16 mai 1830, prés 500 navires quittèrent le port de Toulon en direction d'Alger.

Le colonel Boutin évaluait le nombre des Ottomans à 10.000 et celui des *kouloughlis* à 5.000. Il estimait que les forces françaises seraient de 35 à 40.000 hommes. Il en faudrait 10.000 pour garder Alger,

Le dey Hussein avait fait appel aux beys de Tripoli et celui de Tunis. Tous deux refusèrent de lui venir en aide. Au contraire, le bey de Tunis offrit discrètement aux Français de faciliter le ravitaillement de leurs troupes.

Le General Bourmont faisait circuler des proclamations aux Algériens, les assurant que les Français ne voulaient pas s'emparer de leur territoire, mais plutôt chasser les Ottomans oppresseurs tout en protégeant leurs propriétés et leur religion.

Hussein avait envoyé des émissaires dans toute la Régence auprès des chefs tribaux pour venir défendre sa capitale, promettant cent piastres de récompense à quiconque lui apporterait la tête d'un Français.

Le bey de Constantine achemina 13.000 hommes sur Alger, celui d'Oran 30.000 et celui de Titteri des renforts importants.

Le débarquement français commença le 14 juin à quatre heures du matin sans trouver de résistance. Hussein avait tenu à laisser l'armée prendre terre librement, dans l'espoir de la détruire par la suite.

Le 19 juin, premier accrochage, les troupes du Dey disposées en forme de croissant, se ruèrent sur l'ennemi, puis se retirèrent.

Le 24 Juin, les troupes du dey, au nombre de 20.000, furent encore repoussées.

Mustapha Bou Mezreg, bey de Titteri, était le commandant en chef des forces du dey.

Le 25 au matin, des hauteurs qu'ils occupaient, les forces du dey procédèrent à une série de fusillade et de canonnade.

Le 27 juin, le débarquement fut repris et terminé. Bourmont, après inspection des lieux prévient le Dauphin qu'il serait maître d'Alger le 5 Juillet.

Le général de la Hitte comptait commencer le bombardement de la forteresse du dey le 4 Juillet à la pointe du jour. Pendant la nuit, les ottomans assaillirent les lignes françaises sans résultat.

Le dey, jusqu'alors convaincu de la force de ses défenses, fut consterné par la prise de la forteresse Dar sultan.

Les Français encerclaient Alger, Hussein décida de contacter Bourmont, il offrait d'abandonner toutes ses créances sur la France, d'accorder les réparations exigées avant la rupture pour l'offense faite au consul Deval, de rendre au commerce français tous ses privilèges, et enfin de rembourser les frais de la guerre.

Prise d'Alger . 1830. T. Gudin

Image 56   Prise d'Alger

Bourmont rejeta toutes les propositions du dey, le prévenant que s'il tardait à capituler, le bombardement de la Casbah serait imminent.

Capitulation : La forteresse du dey, tous les autres forts qui dépendaient d'Alger, ainsi que les portes de la ville, furent remis aux troupes françaises le 5 juillet à dix heures du matin.

Le Général en Chef Bourmont s'engagea envers le Dey Hussein en ces termes :

- Lui laisser sa liberté et la possession de ce qui lui appartient personnellement.
- Le Dey sera libre de se retirer avec sa famille et ce qui lui appartient dans le lieu qu'il aura fixé. Tant qu'il restera à Alger, il y sera, lui et sa famille, sous la protection du Général en chef de l'armée française.
- Une garde garantira la sûreté de sa personne et celle de sa famille.
- Le Général en chef assure à tous les soldats de la milice les mêmes avantages et la même protection.
- L'exercice de la religion musulmane restera libre. La liberté des habitants de toutes classes, leur religion, leurs propriétés, leur commerce et leur industrie ne recevront aucune atteinte ; leurs femmes seront respectées : le Général en chef en prend l'engagement sur l'honneur.
- L'échange de cette convention sera fait le 5 Juillet avant dix heures du matin, et les troupes françaises entreront aussitôt après dans la Casbah et successivement dans tous les forts de la ville et de la marine.

Le dey accepta les conditions et abdiquât. Le 5 juillet 1830, le drapeau français, est hissé sur la Casbah.

Après la reddition, le ministre des Finances du dey attendait les Français avec les clés du Trésor à la main.

194

La valeur du Trésor avait été estimée au premier abord à une centaine de millions de francs. Cette évaluation ne reposait sur aucune base.

Le 7 Juillet, dans la matinée, Hussein se rendit à la Casbah pour rendre visite au nouveau maitre d'Alger. Le Dey remercia son vainqueur de sa courtoisie et l'informa qu'il s'installerait à Naples.

Le 10 juillet il s'embarqua avec son harem, son gendre Ibrahim, ses ministres, ses serviteurs; sa suite se composait de cent dix personnes. Il emportait des sommes montant à environ 400.000 francs, plus une quantité de bijoux, d'or et de diamants qu'il avait retirés de la Casbah. Après une quarantaine de dix jours à Port-Mahon, il débarqua à Naples le 31 juillet.

Le jour même où l'ancien dey quittait Alger, on embarqua la plus grande partie des troupes ottomanes. Le général en chef, après avoir ordonné leur désarmement, avait décidé que les hommes mariés pourraient demeurer provisoirement à Alger, mais que les célibataires seraient transportés immédiatement en Asie Mineure, d'où ils étaient presque tous originaires.

Après s'être occupé de la capitale, on chercha à régler les rapports avec les tribus et les principaux chefs qui avaient servi Hussein notamment, les beys de Constantine, d'Oran et de Titteri.

Le bey de Constantine qui avait fait halte pendant quelques jours dans le voisinage d'Alger, était rentré dans sa résidence après avoir été pillé en route par des tribus hostiles.

Le bey d'Oran, vieux et fatigué, n'inspirait aucune crainte.

Celui de Titteri était Mustapha Bou Mezrag, le dernier commandant en chef de l'armée de la Régence. De Médéa où il s'était retiré, il envoya auprès de Bourmont son jeune fils pour déclarer qu'il acceptait les faits accomplis; il promettait de verser à la France les mêmes contributions qu'il payait autrefois au dey et de se soumettre dorénavant aux ordres qui lui seraient donnés au nom du Roi de France.

Afin de fuir le contact avec les chrétiens, de nombreux musulmans s'embarquaient pour Tunis, Alexandrie ou le Maroc. (Berteuil, 1856)

Occupation

En 1830, l'État français n'avait pas encore décidé avec certitude de coloniser l'Algérie. Le principal promoteur de la colonisation fut le général Bugeaud, qui dans les années 1940 affirmait :

« *Il faut conquérir l'Algérie pour que toutes les dépenses*

196

qui ont été consenties depuis dix ans n'aient pas été consenties pour rien, mais il ne servira à rien de conquérir l'Algérie, si la France ne se donne pas les moyens de la garder ».

C'est durant la 2ème République qu'a été réalisé le programme de Bugeaud. L'Algérie fut divisée en trois départements français. Une grande partie des ouvriers parisiens qui s'étaient révoltés en juin 1848, devenus chômeurs, furent envoyés en Algérie.

La colonisation n'était qu'une illusion car la population algérienne serait toujours beaucoup plus nombreuse que celle des colons, en outre les Algériens étaient solidement ancrés à leur propre religion.

Dans les années 1860, dans ses écrits, Ismaïl Urbain, attira l'attention de Napoléon III, en écrivant: « *l'Algérie ne pouvait pas être une colonie de peuplement et que la seule politique réaliste et digne de la France était une politique menée au profit de la population musulmane largement majoritaire.* »

Cette idée fut reprise par Napoléon III sous l'étiquette : « Le Royaume Arabe ».

Les républicains arrivés au pouvoir en 1870, ne voulaient rien savoir sur cette dérive impériale. Ils enterrèrent le « Royaume Arabe » et fermèrent toute ouverture d'émancipation aux Algériens.

Ce n'est qu'en 1944, que fut introduit un plan de réformes par le General De Gaulle. Ceci consistait à améliorer le niveau de vie des Algériens. Une politique d'assimilation ou d'intégration qui ne put aboutir. Le code de l'indigénat avait creusé un fossé trop profond entre colons et colonisés. (Weil, 2005)

Après le débarquement, les anciennes murailles furent démolies et de nouvelles routes traversant plusieurs quartiers assuraient différents accès à la cité.

En retrait du port, un boulevard front-de-mer jouxtant une chaine de buildings avec arcade séparait désormais la Basse Casbah de la mer.

La Djenina, bâtie en 1662 par le *pacha* Ismaël, s'étendait du centre ouest de la place du Gouvernement actuelle, à la rue Jénina. Elle comptait de nombreux bâtiments, dont le Palais du Sultan construit par Salah Raïs de 1552 à 1556, la mosquée Djama Chouach, le Dar Hamed, harem du Dey Hamed assassiné en 1805, les fours et les magasins de la manutention, le petit jardin (Djénan) du Palais de Salah Raïs donna son nom à l'ensemble des constructions : La Jenina

Image 57   Place du Gouvernement

199

Les Deys d'Alger habitèrent la Jenina jusqu'en 1817, époque à laquelle Ali Ben Hamed avant dernier dey d'Alger, se retira prudemment, avec son entourage et ses coffres à la Haute Casbah. Il y construit la forteresse « Dar sultan Jadida » pour s'y installer.

En 1844, un incendie détruit une bonne partie de la Jenina. Une dizaine d'années plus tard vers 1856, les autorités coloniales françaises démolir l'ancien palais du dey pour ériger des immeubles de l'époque coloniale. (Klein, 1937)

Le Souk El-Djemaa et les bâtisses environnantes furent remplacés par la Place d'armes devenue Place du gouvernement. Les Algériens ont toujours appelé ce lieu « Place du Cheval », une statue équestre du duc d'Orléans était plantée au centre de la place.

Aujourd'hui cet espace est appelé Place des martyrs, sans le cheval, ce dernier fut mis en fourrière en 1963, puis érigé de nouveau à Neuilly sur Seine à Paris.

Les Colons

Image 58   Colons

A l'arrivée des Français, Alger était habitée par la « bourgeoisie Algéroise ».

L'arrivée des colons et assimilés fit d'Alger une ville à majorité européenne. La population algérienne ne commença à s'accroître de façon exponentielle qu'à partir de la Première Guerre Mondiale.

Avec la prise d'Alger, en 1830, de nombreux aventuriers d'Europe : négociants marseillais, ouvriers français, allemands ou suisses, se rendirent à Alger pour faire fortune.

La première vague de colonisation fut le fait des colons en gants jaunes[37]. Elle fut réalisée, dès 1831, par des hommes jeunes, entreprenants. Ce sont eux qui entreprirent la mise en valeur de la plaine de la Mitidja, marécageuse et source de fièvre. Profitant de vides juridiques, ils s'étaient établis sur les domaines du dey, les terres confisquées de certaines tribus, et des terres achetées dans des conditions de spéculations souvent douteuses.

La vague suivante de colons européens, fut principalement d'origines : Catalane, Espagnole, Française, Italienne, et Maltaise. Les juifs formaient un groupe distinct.

Au début du 20ème siècle et dans leurs quartiers respectifs, ces différents groupes restaient repliés sur eux-mêmes, conservant leurs langues maternelles et leurs coutumes. (Lamboley, 2011)

---

[37] Gants jaunes : Hommes distingués, aristocrates. Tels que : Le baron de Vialar, installé à Kouba., De Tonnac-Villeneuve, installés à Tixeraïn, Coput, De Bonnevialle, De Croizeville, De Franclieu, De Lapeyrière, De Saussine, Delpech, De Montaigu, Dupré, Mercier, Rosey, De Saint-Maur, De Saint-Guilhem, Tabler.

En 1924, sur une superficie de 1.310 hectares, la population d' Alger-ville se subdivise comme suit :

	1906	1911	1921
Français	63.486	71.021	117.050
Étrangers naturalisés	26.305	28.365	
Espagnols	12.354	14.094	19.614
Italiens	7.368	8.081	8.659
Maltais	865	914	782
Étrangers divers	1.652	2.030	1.881
Algériens	33.250	37.821	47.669
Population comptée à part	8.769	10.071	10.940
Totaux	**154.049**	**172.397**	**206.595**

Les Espagnols, Mahonnais

Les Mahonnais, d'origine Catalane des Iles Baléares, Minorque et Majorque, étaient environ 10.000 dans l'Algérois, et autant à travers toute l'Algérie. Près de la moitié de la population de minorquine avait émigré spontanément et volontairement en Algérie.

Lorsque les troupes françaises établirent à Mahon leur base d'intendance pour la prise d'Alger, les Catalans de Minorque appelés aussi Mahonnais, se mirent à émigrer en Algérie.

Voici une correspondance, datée du 2 février 1832, envoyée par un agent consulaire de Ciudadella au Consul Français des Iles Baléares:

« Je me vois dans l'obligation d'attirer votre attention au sujet des travailleurs voulant passer à Alger... Depuis que l'armée française a pris Alger, ils ne cessent de me harceler pour savoir si le gouvernement français de cette place veut bien qu'ils s'y établissent... Sachant que de Majorque et de Mahon ont embarqué plusieurs personnes pour Alger, depuis il me vient tous les jours une quantité d'hommes, la majeure partie mariés avec des enfants pour aller là-bas, me disant qu'ici ils meurent de faim, ne mangent plus qu'un morceau de pain d'avoine, que bien souvent il manque même cet aliment. Ils veulent aller voir si, avec leur travail et celui de leur famille, ils peuvent gagner de quoi subsister ».

Ces migrants seront qualifiés de "rebut de la Méditerranée » par le maréchal Bugeaud, gouverneur général d'Algérie, dont la devise coloniale était : "*Ense et aratro*", par le fer et la charrue.

L'influence sociale des Mahonnais à Alger était assez remarquable. L'ancienne Place Badistan, marché aux esclaves, où furent vendus Cervantès, Jean-François Regnard, Fra Filippo Lippi, Emmanuel d'Aranda, Diégo de Haédo et tant d'autres, fut rebaptisée Place Mahon. (Tudury, 1992)

D'après un Guide de 1836 :

204

« *Sur cette place, tous les matins, se tient le marché où les colons et les indigènes, après qu'à la porte Bab-Azoun, ils ont fait coucher leurs chameaux et attacher leur chevaux et baudets par les deux pieds de devant, apportent les produits de leurs jardins, de leurs basses-cours et de leurs chasses. Et le soir, quand le soleil a disparu, et que le canon de la station a annoncé l'heure de la retraite, des chaises sont disposées, un cercle brillant de femmes françaises, espagnoles et anglaises, et d'officiers, viennent se former pour entendre le concert des musiciens de la garnison, tandis que les maures et les juifs se promènent de long en large, pêle-mêle avec les négociants européens, et que les juives et les mauresques couvrent les terrasses des maisons qui entourent la place.* (Pignel, 1836)

En 1841, La place Mahon fut rebaptisée Place Royale, encadrée d'immeubles et de maisons européennes, au centre de la place fut érigée la statue équestre du duc d'Orléans.

Selon Quetine :

« *Sur la Place Royale se promenaient pêle-mêle des Italiennes avec leurs robes aux couleurs tranchantes ; des Andalouses au petit pied cambré ; des Mahonnaises à la taille si souple, des Françaises de toutes sortes et de toutes qualités ; des femmes juives avec leur sarmah pyramidal ; des jeunes Israélites couvertes de dorures, de soie et de velours ; des Mauresques enfin, qui ne laissent voir, sous les mille plis de la gaze qui les enveloppe, que leurs yeux ardents et la chair nue de leurs jambes. Puis des Mahonnais aux chapeaux pointus ornés de velours, des Maltais, des Allemands, des Français, des Nègres, des Arabes... »* (Quetin, 1848)

Clauzel, devenu Maréchal, est nommé Gouverneur Général de l'Algérie et souhaite une politique de colonisation.

En 1836, V. de Zugasti, agent consulaire d'Espagne, écrit au sous-secrétariat d'Etat :

« Son Excellence, le Maréchal Clauzel, dès qu'il est arrivé ici, au mois d'août dernier, souhaitait donner une meilleure contention à la colonisation; persuadé sans aucun doute que beaucoup de capitalistes se rassembleraient, il leva cette interdiction. Il s'adressa au Consulat pour dire que, sur cette côte, iraient tous les cultivateurs, travailleurs et artisans qui voudraient y venir. Il ordonna aux Consuls français et en particulier à celui de Mahon de viser sans aucune difficulté autant de passeports qu'on leur présenterait pour ici. Pour conséquence, sont venus de l'île de Minorque, depuis le mois de novembre dernier, plus de mille neuf cents

personnes de toutes classes, d'âges, religions, enfants et personnes âgées dans l'impossibilité de travailler; il ne m'est pas possible et je vous prie de m'en excuser, de vous faire un portrait exact de l'état de dénuement et de misère dans lesquels sont arrivés ces malheureux ». (Domenech Lenzini)

Fort l'Eau, Mahonnais

Dans la banlieue d'Alger En bord de Mer, les Ottomans avaient construit un fort appelé Borj El Kiffan ou Fort des Falaises. Dès le début de la conquête française, les militaires l'occupèrent et l'appelèrent "Fort de l'Eau".

Rue principale de Fort de l'Eau

Sous l'insistance du Baron Vialar qui fut impressionné par la capacité de travail des Mahonnais, Louis-Napoléon Bonaparte signa le décret de création de "Fort de l'Eau". Ce Centre de vie sera peuplé par les Mahonnais.

En 1884 Fort de l'Eau possédait déjà une école et une église. Dans ce Centre de vie de Mahonnais, seuls le Maire et le Maitre d'Ecole sont Français.

Dans les années 1890, un journaliste suggère à la municipalité de créer une station balnéaire qui accueillerait les Algérois. La municipalité offre des terrains, en 3 ans, furent construits un casino, un hôtel de luxe, ainsi que des villas « pieds dans l'eau ». En 1908 Fort de l'Eau est classé station estivale. Apres l'Independence de l'Algérie, la station retrouvera son nom Ottoman " Borj El Kiffan". (Domenech Lenzini)

Les Italiens

Italian workers in Colonial Algeria   Début du 20ème siècle

Image 60   Ouvriers Italiens

« En 1830 les lignes directes de voyageurs entre Alger et l'Italie n'existaient pas, c'étaient les balancelles, qui, outre leur cargaison de marchandise transportaient des émigrants miséreux, s'entassant dans des conditions déplorables proches de celles de la traite des esclaves et s'acquittant d'un droit de passage modique auprès des capitaines qui les emmenaient vers ce qu'ils croyaient être l'Eldorado, l'Algérie coloniale » (Crespo, 2003)

Dans les années 1860, la mise en place des grands travaux: routes, voies ferrées, ports, barrages, mines, relança l'émigration italienne vers l'Algérie.

La loi de 1889, sur la naturalisation, encouragea les étrangers européens à s'intégrer dans la communauté coloniale française. Les enfants nés en Algérie de parents estrangers qui y sont eux- mêmes nés, sont déclarés Français d'office.

Les enfants domiciliés en Algérie de parents étrangers sont déclarés Français dans l'année qui suit leur majorité.

L'Alger populaire du début du siècle fut ainsi décrite par C. De Galland, ancien maire d'Alger :

« Entre la rue Bab-el-Oued et la rue de la marine, s'étend le quartier de la préfecture, agglomération de vieilles maisons dont quelques-unes unes sont dignes d'être marquées par leur style, leurs faïences, leurs bois sculptés, leurs inscriptions. Dans ce quartier et, sous les voûtes du boulevard faisant place à la darse, les pêcheurs italiens ont élu domicile. Originaires des environs de Naples, de Procida, d'Ischia, ils constituent une sorte de colonie qui vit à part, sans liens et sans rapports avec le reste de la population dans une sorte d'intégrité irréductible. Ils continuent à parler leur patois napolitain et du logis familial vont à leurs barques et à

leurs balancelles. Leurs femmes et leurs enfants, la voile à recoudre, le filet à remailler, la coque du bateau à repeindre, voila leurs seules occupations. Tandis que sur les flots où s'agitent les poissons, en un infini frétillement, les pêcheurs italiens restent graves et murmurent la vieille cantilène de la rivière de la Chinia. Ils n'ont qu'un horizon, l'horizon lointain qui va se perdre dans la trame des brumes azurées et derrière lequel ils évoquent encore dans leur imagination obscure les rives de Sorrente et les collines du Pausilippe. Ce quartier de la préfecture, privé d'air et de lumière, traversé de ruelles étroites et nauséabondes, tombera bientôt sous la pioche des démolisseurs pour faire place à une zone urbaine, de voirie bien comprise, les constructions nouvelles auront une large part de soleil et d'oxygène. »

(Llinares & Lima-Boutin, 2008)

Les Maltais

Dès 1820, les Chevaliers de Malte proposèrent aux Français de les aider à coloniser l'Algérie en utilisant les Maltais qui parlaient un langage proche du dialecte algérien. Ainsi la pénétration dans le pays serait facilitée. L''armée utilisait dès le début de la colonisation, les services d'interprètes maltais.

La commission d'enquête envoyée en Algérie en 1833 demandait d'accélérer la colonisation et recommandait de *"prendre des colons partout : des Allemands aux qualités solides et... des Maltais moins recommandables, mais s'adaptant facilement"*.

En 1881, environ 25% des 15.402 Maltais enregistres en Algérie s'étaient établis à Alger.

Image 61   Bar des Negociants. Maltais

Sur place, les premiers groupes se sont distingués par leur comportement. La première image qu'ils laissent aux arrivants est celle de ces bateliers qui assurent la liaison entre les navires en rade et la côte, moyennant finances dans des conditions d'honnêteté relative. Plus que les autres Européens les Maltais avaient tendance à se rassembler et à former des groupes bien distincts des autres.

Ce retrait communautaire leur valut un préjudice de la part des autres colons européens qui les plaçaient en bas de l'échelle sociale.

Pour les Algériens, l'image n'était pas meilleure. Rapidement les Maltais vont prendre des places recherchées d'intermédiaires : ils évincerent les Juifs dans le commerce, l'usure et la spéculation. Ils remplacèrent, par la force s'il le fallait, les Algériens dans le métier du colportage sur les côtes, puis du transport dans l'intérieur. Ils constituaient pour ces derniers une énigme : Ils leur ressemblaient, parlaient à peu-prés leur langue, leurs mariages étaient célébrés en langue arabe, mais ils pratiquaient un catholicisme exacerbé, tout en conservant sur leur poitrine la main de Fatima. (Donato, 1985)

Plaque de rue en ecriture maltaise

Image 62   Ecriture maltaise

Lorrains et Alsaciens

A partir de 1845, l'Alsace Lorraine était au bord de la faillite. La famine, les mauvaises récoltes, le mildiou, et les guerres, poussèrent près de 8.000 Alsaciens à émigrer en Algérie. Entre 1830 et le début du 20ème siècle, l'Algérie accueille environ 34.000 alsaciens-lorrains. Malgré son nombre important, ce groupe ne s'affirmera pas comme une entité spécifique.

Départ de Colons Alsaciens vers l'Algérie

Image 63   Lorrains et Alsaciens

Peu d'entre eux s'installeront à Alger, beaucoup parmi eux préférant l'exploitation agricole, ils furent les premiers à participer au Plan Rovigo pour s'implanter au village colonial de Vesoul Benian ou Ain Benian, dans la banlieue d'Alger. Ils s'installèrent aussi à Kouba qui fut le siège d'un camp militaire remplacé par le grand séminaire en 1849.

Plus tard en 1871, l'annexion de l'Alsace et d'une partie de la Lorraine par la Prusse, déclencha un autre départ vers l'Algérie. Les Alsaciens bénéficièrent des terres confisquées après la révolte d'El-Mokrani en Kabylie. (Fischer, 1999)

Jusqu'en 1842, la population « étrangère » parmi les colons dépassait celle d'origine française. Vers 1851, le rapport s'était progressivement stabilisé au moitié-moitié.

(Mandeville & Demontes, 1900)

Juifs Algérois

Image 64   Juifs algérois

La présence juive en Algérie est de longue date, d'abord arrivés de l'Est du temps de l'antiquité, puis ils vinrent de l'ouest, Juifs Sépharades, expulsés d'Espagne au 15ème et 17ème siècles. Au début, les Sépharades cohabitaient avec les Algériens,

216

s'habillaient comme eux, parlaient l'arabe algérien, ils étaient le plus souvent artisans ou commerçants. Ils mangeaient le couscous, dansaient la *dziria,* chantaient el Andalous, mais au fond les juifs n'étaient pas intéressés par l'insertion ou une intégration sociale.

Leur croyance et leur survie résidaient dans la doctrine « le peuple choisi de Dieu », ils croient que leur destinée est tracée par une divinité qui leur est favorable.

Aux premiers temps de la colonisation, les Français utilisèrent la proximité des juifs avec les Algériens, leur connaissance de la langue et de la manière de vivre, mais aussi le niveau culturel sépharade. Cependant les autorités françaises décidèrent de les séparer des Algériens avec la loi Crémieux qui leur permit de devenir citoyen français à part entière.

A cela, les Juifs n'y trouvèrent pas d'objection, puisque dans le temps, Algérien voulait dire Arabe et musulman, alors que le juif n'est ni arabe ni musulman.

Constructions, Infrastructures

C'est dans la zone de la rue de la Marine qu'il y a eut le plus de transformations.

Les autorités Françaises avaient embelli, construit, et transformé les structures du Centre d'Alger. Une

217

stratégie pour asseoir leur domination, s'assurer du bien-être ainsi que la prospérité des colons et de la France.

Les aménagements étaient destinés aux colons et administrateurs français. Les Algériens n'avaient pas droit de cité.

L'immigration d'Européens se faisait grandissante. Les nouveaux débarqués commencèrent d'abord par occuper les maisons appartenant aux Ottomans, ils les aménagèrent selon leurs convenances. La ville s'agrandissait, certains quartiers, commençaient à ressembler aux quartiers de Marseille ou de Paris. Des espaces de loisir et des édifices publics furent construits, un clonage de l'environnent citadin français se faisait constaté.

Image 65   Edifices Nouveaux

Ainsi, les quartiers d'Alger ressemblaient peu à peu à des quartiers parisiens, dignes des travaux haussmanniens, avec les lieux nécessaires à la vie publique (jardin, église, mairie, école).

Au début du 20ème siècle, pour apaiser et prévenir des insurrections, les autorités coloniales optèrent pour une politique conciliante avec la reconnaissance de certains aspects de la culture algérienne. Quelques édifices, dans un style « néo-mauresque », furent construits, notamment la Grande Poste.

Image 66   Grande Poste Alger

LA MÉDERSA
THE MEDERSA (NATIVE TRAINING COLLEGE)

Image 67   Medersa Thaalabia

La Medersa Thaalabia, inaugurée en 1904 abrite aujourd'hui les bureaux de l'Office national de l'enseignement et de la formation à distance (ONEFD). (Berteuil, 1856)

Edifices Publics

1832	Jardin d'Essai		1888/1909	Université d'Alger
1835	Ancien Collège		1910	Institut Pasteur
1838	Bibliothèque Nationale		1913	La Grande Poste
1839	Musée d'Alger		1914/1918	Hôpital Maillot
1848	Ancien Collège devenu Lycée		1929/1931	Ecole de garçons Champ de Manœuvres
1854	Hôpital Mustapha		1929/1930	Musée National des Beaux Arts
1858 1872	Eglise Notre Dame d'Afrique		1929	Conservatoire de musique
1865	Gare et voies ferrées		1929	Musée Antiquités d'Art musulman
1868	Lycée Bugeaud		1930	Musée du Bardo
1880	Faculté des Lettres		1935	Maison des Étudiants
1892	Réseau de Tramway		1935 /1936	Foyer Civique
1894	Institut Pasteur		1944	Lycée Fromentin
1900	Ecole normale d'Instuteurs		1948	Gare Maritime
1904/1905	Medersa Thaalibiya		1950 /1951	Ecole Hôtelière
1908	Lycée Delacroix		1950/ 1951	Cité universitaire Ben Aknoun

Un grand essor de construction se fit entre les deux-guerres, spécialement à l'occasion du Centenaire de la colonisation. Avec la prolifération d'immeubles pour habitation, quelques familles Algériennes commencèrent à graviter autour des structures destinées principalement aux Européens.

Image 68   Rue Michelet Alger

A partir de 1900, l'expansion de la Cité se fit au-delàs des limites tracées par les Ottomans. De nouveaux faubourgs tels que : Mustapha, Bab el Oued Saint-Eugène, El-Biar, Telemely, Hussein Dey, Kouba, Bouzaréah, attiraient de plus en plus de colons.

Nouvelles Habitations 1920-1961

1920 Quartier Debussy
1923 immeubles Michelet
1924 Immeuble Berthezène
1925 Immeuble Télemly
1925 Immeuble Victor Hugo
1927 Immeuble LA font
1927 Immeuble Bon Accueil
1927 Lotissement Guiauchain
1928 Immeuble Garcia
1928 Lotissement Trottier
1928 Immeuble Borely
1929 Immeuble Charras
1930 HLM Ruisseau
1930 Cité Clos Salembier
1931 Immeuble Champagne
1931 Lotissement Badjarah
1932 Immeuble Duheur
1932 Immeuble Saint Simon
1932 Immeuble Petit
1932 Immeuble Malakoff
1933 Lotissement Tramoy
1933 Lotissement Oued Ouchayah
1933 Lotissement Michel
1934 Marché Clauzel
1934 Lotissement Navarre
1934 Lotissement Bois-Ramel
1935 Lotissement Nouvel-Ambert
1935 Lotissement Mermet

1936 Lotissement Juanèda
1943 Lotissement Maya à Kouba
1948 Lotissement Panorama
1949 Lotissement Mon repos
1949 Lotissement Delbays
1949 Lotissement Djenan El Mabrouk
1950 Immeubles HLM. Champ de Manœuvres
1951 Lotissement Jolie vue
1952 Immeuble Burdeau
1954 Residence Petit Hydra,
1955 Cité Climat de France
1955 Cité des Eucalyptus à Bab-el-Oued
1955 Cité Léon-Roches à Bab-el-Oued
1955 Cité Beauséjour à Birmandreis
1955 Cité Lavigerie à Kouba
1955 Cité les Asphodèles à Ben Aknoun
1955 Cité Fontaine-Bleue
1955 Cité Perez Bab-el-Oued
1955 Cite 650 Champ de Manœuvres
1956 Cité Transit Djenan-el-Hassan
1957 Cité Sellier Hydra
1957 Cité Les Annassers
1957 Cité Diar Echems
1959 Cité des Dunes
1959 Cité Les Jasmin Clos Salembier
1959 Cite Logeco Birmandreis
1959 HLM Zaatcha
1960 Cité Vinci
1961 Cité La Concorde Birmandreis

Image 69   Palais du Gouvernement

L'organisation politique et administrative de l'Algérie coloniale a subi de profondes mutations au cours des cent trente deux années d'occupation française.

L'Algérie fut longtemps organisée comme une partie intégrante du territoire métropolitain.

L'Algérien est titulaire de la nationalité française, tout de même en tant que « sujet » musulman, il ne bénéficie pas des mêmes droits que le « citoyen » Français.

Si les Algériens musulmans voulaient devenir des citoyens, ils devaient en faire la demande qui leur était quasi-systématiquement refusée.

À partir de 1920, la petite bourgeoisie musulmane prônaient désormais une politique d'assimilation plus poussée. Les élus musulmans se heurtaient cependant à l'opposition résolue des colons qui refusaient d'envisager une quelconque modification du statut politique des musulmans. Le nationalisme algérien se réveille.

Etat Civil

Les Algériens, n'avaient pratiquement pas de noms patronymiques comparables au système français. Généralement, on disait: Idir fils de Kaci, fils de Rezki, et ainsi de suite. Ou alors on utilisait un mélange d'affiliation de clan ou de lieu. Exemple : Idir fils de Kaci des Ait Ali Lagha.

En 1882, les administrateurs de l'autorité coloniale furent sommés d'établir l'état civil de la population algérienne. En théorie, chaque chef de famille a le droit de choisir un nom patronymique. Si un individu refuse d'obtempérer, un nom lui est attribué d'office.

La mise en application de cette loi, permit aux officiers d'état civil de procéder, assez souvent de façon arbitraire aux registrations des noms patronymiques. Ils avaient la latitude d'agir selon leur propre méthode opératoire:

- Attribuer des noms par ordre alphabétique pour distinguer les différents villages.
- Faire appel aux Bureaux arabes et aux caïds. Ces derniers faisaient des déclarations farfelues.
- Le refus d'obtempérer aux officiers d'état civil, entrainait l'attribution d'un prénom arbitraire. (Weil, 2005), (Ouldennabia, 2009)

Noms patronymiques algériens

Malgré l'anarchie dans l'établissement de l'état civil, la majorité des Algériens ont pu s'inscrire sous des noms les liant à des repères de leur statut social ou de leur origine.

Voici des spécimens de ces noms et leurs origines :

Noms relatifs aux origines tribales berbères

Amouri	Amraoui	Amzal	Arouab
Azwaw	Bedrina	Bernis	Boudaren
Boukous	Bouzina	Derraji	Djenati
Draia	Drari	Farrah	Fitani
Ghermoul	Ghoumiri	Izgher	Jazouli
Laurassi	Madhi	Maghili	Maghniz
Mahrez	Masmoudi	Massa	Mazi
Mazouna	Mazouni	Mazouz	Mediouni
Menad	Mentouri	Meskouri	Messalli
Mezali	Mezghana	Mezghich	Moughari
Nemchi	Nemouche	Oulhaci	Rezgui
Rezki	Rezzag	Rezzoug	Sakhran
Sanhaji	Semouini	Smati	Tamzit
Thabet	Zaamouch	Zaamoum	Zaghidour
Zaghloul	Zaghou	Zaghran	Zeggai
Zeggar	Zemit	Zemmouche	Zemouri
Zenati	Zeroual	Ziri	Zerrari
Zoucali	Zwawi		

Noms relatifs aux confréries religieuses

Alaoui	Ammari	Assaoui	Bou Amama
Bouchama	Chadli	Darkaoui	Kadri
Rahmani	Senoussi	Tidjani	Zerrouki

Noms relatifs aux tribus Beni Hillal et Beni Slimane

Abid	Allahoum	Amri	Aouni,
Arif	Atallah	Attaf	Benyagoub
Brahimi	Chaffaï	Chouaib	Difallah
Douadi	Dridi	Ghanem	Hellali
Kerfali	Kelfallah	Kraïche	Metref
Reddad	Saâdallah	Saâdani	Sakhri
Slimani	Taâllah		

Noms patronymiques dérivants de l'occupation ottomane. Algérie

Aljia : Olga la blonde	Arouan : Albanais
Ayachi : De Cadix	Baba Ali : Administrateur
Bacha : Notable	Bachouchi : Cordonnier
Bairi, Barais. Capitaine	Bajarrah : Barbier chirurgien.
Baltaji : Homme de main	Bêche : Chef de rang
Bendissari : Blond ou roux.	Berbere : Barbier
Bestanji : Jardinier	Betromi ; De Bodrum, Anatolie
Bey : Puissant Notable	Bouchenak : De Bosnie
Boumbaji : Bombardier.	Chebli : De Seville
Tarzi : Tailleur	Chico, Benchiko : Morisque
Oukil : Sergent	Damarji : Puisatier.
Kherchi, Khercha: de Crête	Daneji : Forgeron.
Debbagh : Tanneur	Djenoui : Genois
Douaji : Gérant de sérail	Fekharji : Potier
Dali : Audacieux	
Gharnati : De Grenade	Ghazi : Garde frontière.
Ghennouchi : De Galice	Ghozali : Archer.
Guerrache : Catcheur	Hadji ou hachti : Cuisinier
	Itchir : Enfant soldat
Baghli: Caucasien	Kettani : Tisserant
Fochtali : De Phocée	Kosbi : Kosovar
Kortebi : De Cordou	Lounis, Lounas : De Venise
Mokdad : Guide	Ouldache : Soldat
Sabounji : Fabricant de savon	Sanjak : Porte drapeau
Semardji : Fabricant de khol	Serkadji : Vinaigrier
Soltani : Sultan	Spahi: cavalier
Stanbouli : D'Istanbul	Tabti : artilleur
Toubal : Boîteux	Turki : Turc
Yantren : Epicier	Zbaïti : Homme de garde
Zbantit : Célibataire	Zemirli : D'Izmir

D. Bacha

229

L'Enseignement

L'Afrique du Nord fut imprégnée par diverses civilisations : Punique, Gréco-romaine, Arabo-musulmane, et Europe contemporaine.

Nous savons qu'avant l'arrivée des Arabo-musulmans les rois Berbères comme les dynasties des Massyles, des Massassiles, et leur descendance, furent étroitement liés aux cultures : Egyptienne, hellénique, romaine, carthaginoise.

Selon Ibn Khaldoun l'enseignement en Algérie fut depuis le 7ème siècle généralement lié à l'apprentissage « par cœur » du Coran. Ceci n'a pas changé durant des siècles.

Années 1920-30

Image 70   Ecole Coranique

Durant l'occupation ottomane, Il n'existait en Algérie aucune organisation de l'instruction publique.

Les familles qui pouvaient se permettre d'envoyer leurs enfants dans les *msids*[38], mettaient à profit la période où l'autorité parentale était la plus forte pour leur inculquer les connaissances nécessaires à la pratique religieuse. Une obligation parentale bien ancrée chez le musulman, basée sur la sunna transcrite par l'Homme.

« *Des zaouias offraient un enseignement théologique, rudimentaire, dans des conditions difficiles.*

---

38 Msid : Appellation ottomane pour l'école coranique en Algérie

On y apprenait la lecture et l'écriture   du Coran ».
(Mirante, 1930)

Le premier degré de l'enseignement de l'école coranique consistait à apprendre et à écrire, sur des planchettes en bois, les lettres de l'alphabet et quelques textes du Coran nécessaires à la prière formelle. Cet apprentissage dure de cinq à six ans sous la direction d'un Taleb, répétiteur jouant le rôle d'instituteur, formé dans des zaouïas.

Comme en France au début du 19ème siècle, où seule l'église pouvait prétendre promouvoir l'instruction élémentaire à travers ses multiples lieux de culte, seules les zaouïas et les mosquées pouvaient assurer l'instruction aux enfants ordinaires en Algérie. Les rares privilégiés faisaient appel à des tuteurs.

Les notions de grammaire et de calcul étaient pratiquement absentes de cet enseignement. Les cours se déroulaient en général dans une salle démunie, attenante à une mosquée. Les enfants étaient assis par terre autour du *taleb* ou *cheikh* qui avait souvent à la main un « *matrag* », long bâton effilé, pour les châtiments corporels. (Bacha, 2011)

Pour l'enseignement du second degré, seul un petit nombre d'élèves se rendaient aux classes des

232

mosquées des grandes villes, ou aux grandes zaouïas rurales. Certaines zaouias offraient divers sujets : grammaire, rhétorique, philosophie, droit musulman, diverses prescriptions religieuses, étude du Coran et de la Sunna, arithmétique et astronomie. Ces « écoles » étaient sous le contrôle de fondations religieuses financées par les fidèles.

Contrairement à la Tunisie et au Maroc, il n'y avait pas d'établissements d'enseignement supérieur en Algérie depuis l'arrivée des Ottomans. Les aspirants algériens aux études approfondies du Coran allaient généralement en Tunisie ou au Maroc, peu d'entre eux allaient au Proche-Orient.

Les medersas

Pendant quelques décennies, l'enseignement traditionnel des zaouias céda du terrain, sans disparaître complètement de l'Algérie coloniale.

Toutefois, l'enseignement coranique a redémarra à partir des années 1930. Dans les villes, les zaouïas ont progressivement cédé leur place à des écoles sous le nom de *médersas.* Elles correspondaient à la volonté de l'Association des Oulémas pour maintenir l'empreinte arabo-islamique.

Image 71   Medersa

Les Oulémas étaient contre le soufisme et ses ouvertures existentielles. Ils montraient une attitude d'ouverture vers les sciences et la modernité. Cependant ils maintenaient l'idéologie fondamentaliste qui enferme l'esprit dans un passé révolu. Leur ouverture était orientée vers la modernité matérialiste et non celle de la libre pensée et le rationalisme scientifique.

L'objectif des Oulémas était d'imposer une « personnalité » arabo-musulmane à l'Algérien. Ceci est contre toute logique, car l'Algérien est beaucoup plus qu'une étiquette imposée par des religieux. En d'autres

234

termes, les Oulémas voulaient assujettir et enfermer les Algériens dans une identité préfabriquée sous brevet « Arabo-musulman ». Tout le reste est irrévérencieux, insignifiant : identité, nationalisme, patriotisme, ethnie, libre choix, pluralisme.

La même idéologie de IbnTamya qui les inspira, engendrera des décennies plus tard, la création de mouvements fanatiques religieux. Une idéologie ou tout progrès des sciences, du rationnel, de l'amélioration de la condition humain, seront bannis pour maintenir les musulmans dans l'ignorance.

Les medersa des Oulémas faisaient apprendre et réciter à leurs élèves que : « Les Algériens ne pouvaient être autres qu'Arabes et musulmans ».

Comme aujourd'hui, toujours en Algérie, les promoteurs de l'arabisation, envoient leurs enfants étudier en Europe et aux Amériques. Les Oulémas, envoyaient leurs enfants dés l'aurore, à la plus proche mosquée pour apprendre le Coran, mais ces gosses à moitie endormis, devaient rejoindre l'école française à 8 heure du matin de la même journée et chaque jour.

L'école française

Au début de l'occupation française de l'Algérie, l'aspect religieux de l'enseignement importé de France, créa une grande méfiance des Algériens vis à vis de l'école française. Cette méfiance fut avivée par la présence de missionnaires religieux, Pères blancs, et autres dénominations.

En 1862 les « écoles arabes françaises » sont ouvertes dans les principaux centres urbains et dans quelques localités situées dans « les territoires militaires ». A partir de 1882, ces écoles furent progressivement supprimées.

Ces écoles consistaient offraient deux enseignements, le premier se faisait en arabe, par un maître algérien appelé *taleb ou cheikh*, formé par le système traditionnel coranique, il se distinguait par le port d'un turban ou *chechia karabouch*. Le second enseignement se faisait en langue française par un maître français, costume cravate. Ce dernier introduisait dès le primaire l'enseignement de l'histoire, de la géographie, de l'arithmétique et des sciences naturelles.

Avec la création de l'évêché d'Alger en 1838, plusieurs congrégations religieuses chrétiennes s'installèrent en Algérie. Elles avaient pour mission d'encadrer une population que le clergé catholique français jugeait égarée. Ces missionnaires établirent des centres qui pouvaient servir selon les circonstances, d'églises, d'écoles, d'orphelinats, d'internats, d'infirmeries.

(Direche, 2007)

Image 72   Peres Blancs

La sécularisation de l'instruction publique, en France, a été imposée par la loi Ferry en 1881. Cette loi se répercuta en Algérie coloniale.

Par conséquent les écoles arabes-françaises furent remplacées par les « écoles indigènes » ou « écoles gourbis ». L'enseignement en langue arabe disparaît ainsi au niveau du secondaire, puis progressivement de l'enseignement primaire. Au début du 20ème siècle ces écoles comptaient plus de 30.000 élèves.

Image 73   Ecole Indigène

Apres la 2ème Guerre Mondiale, la scolarisation des Algériens augmenta nettement.

Image 74   Ecole Normale Bouzareah Alger

Le décret du 5 mars 1949 proclama la fusion des deux enseignements   européens et musulmans. Les programmes d'enseignement furent alignés sur ceux de la France métropolitaine. La rigueur et la discipline étaient la norme, l'enseignement était de bonne qualité.

Différents plans de scolarisation des enfants algériens furent adoptés et mis en œuvre jusqu'à l'indépendance de l'Algérie.

239

La scolarisation prit un pique jusqu'en 1954. A cette date, début de la guerre d'indépendance, dans certaines régions, le FLN avait ordonné aux parents d'élèves de retirer leurs enfants des écoles françaises. Ces directives furent mièvrement respectées, la progression de la scolarisation s'accéléra de nouveau .

En parallèle des écoles municipales, il y avait des « écoles » gérées par l'armée, SAS (sections d'administration spéciales), dans les camps de regroupement. L'enseignement était effectué par les militaires du contingent.

Ecole gérée par une SAS   Algerie 1958-59

Image 75   Ecole SAS

A la veille de l'indépendance, presque 750 000 Algériens étaient scolarisés dans les écoles françaises. (Desvages, 1972)

Entre les années 1948-1955, dans l'enseignement secondaire, les effectifs des lycées et collèges sont passés de 22.000 à 36.684, dont 6.021 Algériens.

En 1956, environ 122 centres d'apprentissage comptaient 9.972 élèves, dont 5.487 Algériens.

En 1914, l'université d'Alger comptait une trentaine d'Algériens sur un effectif total d'environ 500. Le nombre augmente d'une centaine par an de 1930 à 1939.
En 1945-1946, les étudiants algériens étaient 360 sur un effectif total de 5.000. En 1961 ils seraient prés d'un millier.

(Kadri, 2007)

Première Guerre Mondiale (1914-1918)

Tirailleurs Algeriens 1914-18

Image 76   Tirailleurs Algériens

La guerre eut lieu en Europe, mais les Algérois parmi les 175.000 Algériens ont dû traverser la Méditerranée pour se battre contre les Allemands. En 1914, les autorités françaises déclaraient les nouvelles recrues « volontaires » alors qu'en réalité ils étaient désignés d'office par un Caïd. En 1917 le service militaire devint obligatoire.

Par ordre du commandement militaire, les Algériens étaient réputés être des troupes d'assaut, en d'autres termes, les premiers à recevoir le feu adverse.

Les rescapés de la guerre, fortunés d'être encore en vie, retournèrent au pays avec quelques fois des médailles en laiton et un certificat d'« ancien combattant ». Quelques gratifications étaient dispensées aux plus hardis : licences de cafés maures, emplois dans les services publics etc. Mais l'essentiel restait presque inaccessible : droits du citoyen, ascension à la pleine citoyenneté française. Les anciens combattants algériens restaient « Indigènes ». En août 1920, les autorités françaises reconduisent le Code de l'indigénat,

(Lemaitre, 2015)

La Casbah d'Alger

Durant les années d'entre-les-deux guerres, la Casbah était connue comme un repaire privilégié de la pègre algéroise qui avait la mainmise sur une population pauvre et marginalisée. Notamment les enfants de la pauvreté, les « *Yaouled* », ou « Kids » comme les appelaient les soldats américains lors du débarquement des Alliés.

Image 77   Casbah d'Alger

Ces *Yaouled* sont enfantés dans un milieu baignant dans la déstructuration de la société traditionnelle et de l'exode rural. Ce sont des enfants de la rue. En général Leur parcours professionnel débutait avec « cireur à la criée », puis voleur à la tire, petite criminalité, joueur de bonneteau, et éventuellement proxénète.

244

Dans un reportage réalisé, dans les années 1930, publié dans le magazine illustre *Voilà*, édité par Gaston Gallimard il est ainsi reporté :

« *Dans la Casbah, on appelait « magasins » les lieux où se prostituent les filles soumises dites « isolées » (elles sont cependant, comme les autres, « cartées » par la police des mœurs) qui peuvent, selon la réglementation, louer une pièce ou une chambre pour exercer leurs activités. Mme Ahmed qui, comme son nom ne l'indique pas, est d'origine espagnole et veuve d'un Arabe, est gérante de « magasins ». Autrement dit elle est chargée, chaque jour, de récolter les loyers auprès des filles.* » (Favre, 1937)

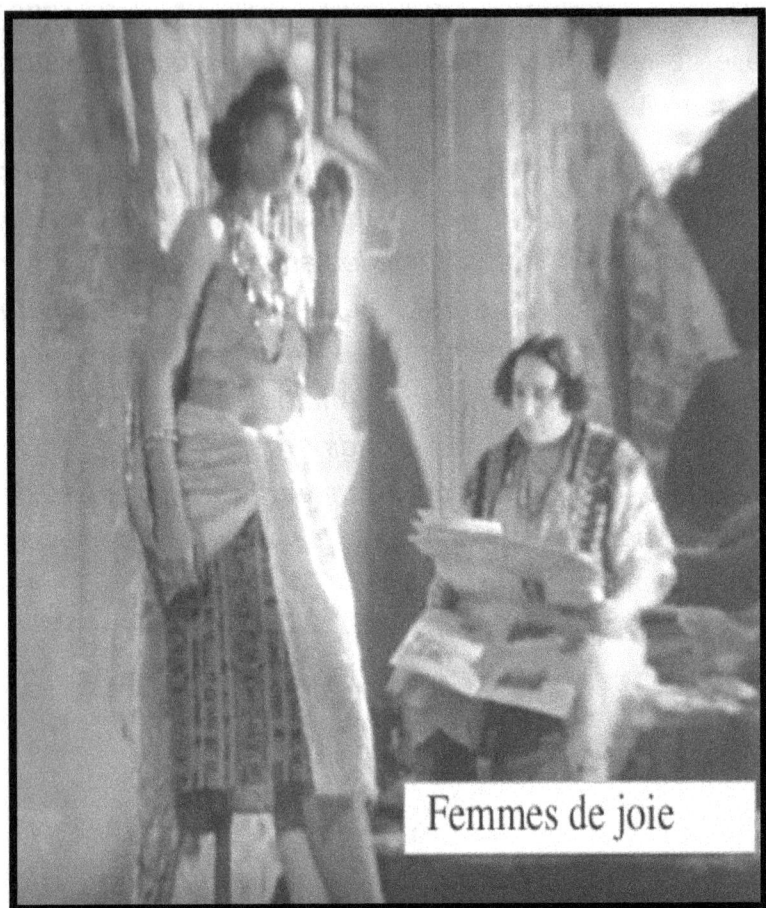

Image 78   Casbah Femmes de joie

En 1925, un article du *Libertaire* dénonçait déjà la condition des prostituées des « magasins » :

« À treize ans, elles sont en "magasins", dans un quartier nommé la Casbah, dans ces locaux infects où l'air et la lumière ne pénètrent jamais. Elles se livrent au

premier venu pour la somme de un franc. Oui, vingt sous ! Certaines de ces femmes m'ont avoué avoir reçu jusqu'à trente clients dans la même journée. » (Maury, 1925)

Bab-El-Oued

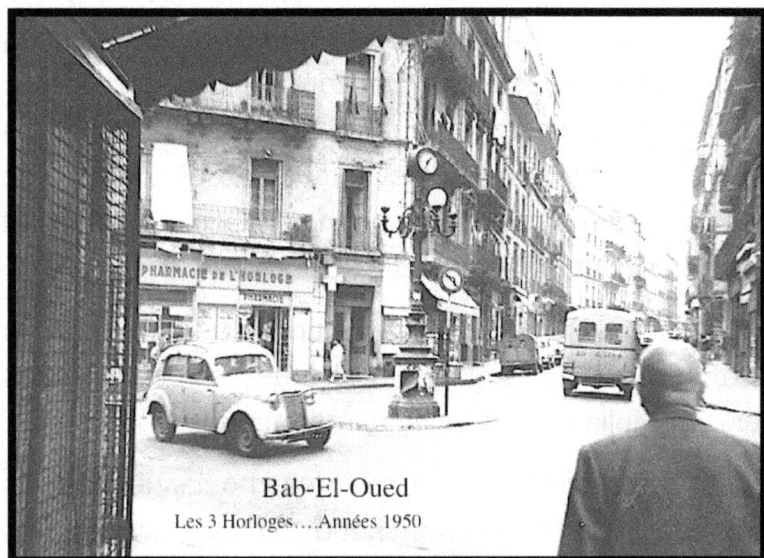

Bab-El-Oued
Les 3 Horloges....Années 1950

Image 79   Bab El Oued

Bab-El-Oued se situe en contrebas de Bouzaréah et du Frais vallon, jouxtant la Basse Casbah. Ce quartier tient son nom du temps de la Régence Ottomane. Il signifie « entrée du coté de l'oued », il s'agit de l'oued Lemkasel qui s'écoule depuis les hauteurs de Bouzareah.

Ce fut un quartier de colons issus de différentes origines. Quartier populaire après l'Independence du pays, puis fief d'Islamistes dans les années 1990, il reste tout de même un quartier mythique pour les Pied-noir.

Après 1930, des colons de Valence débarquent à Alger et sont recrutés dans les carrières Jaubert, au pied des pentes rocheuses de Bouzareah. Ces carrières à ciel ouvert donneront leur nom au quartier « La Cantera », la carrière, qui deviendra Bab-El-Oued. Avec le temps d'autres colons : Espagnols, Italiens, Maltais et Français, affluèrent vers Bab-El-Oued.

Au lancement de la Manufacture, les Valenciens se mirent au business du tabac. Les marques de cigarettes Bastos et Melia étaient les plus renommées.

Les restaurants, les bars, les boulangeries, les salons de coiffure, les boucheries et charcuteries, les places publiques, foisonnaient sous un rythme espagnol.

C'est à Bab-El-Oued, que fut fondé en 1937 le journal "Alger Républicain" où Albert Camus, fut journaliste l'année suivante. (Brune, 1950-1956)

Ce n'est qu'après plusieurs générations qu'un certain brassage intercommunautaire fut amorcé. La langue française devenait indispensable. Dans les années 1940, les colons commencèrent à émerger en un bloc plus ou moins uni. Ils voulaient se démarquer des

248

Français de Métropole ainsi que de la population « indigène ».

A travers cette mentalité, sourdre le désir confus d'une séparation avec la France et l'émergence d'une Algérie pour"Nous autres". Autrement dit, l'établissement d'un « Apartheid » ; ainsi dans les années 1950, le peuple « Pied Noir » s'affirma.

Image 80   Cafe Otomatic Rue Michelet

A la culture française, se sont superposés des attitudes, des comportements, des affinités alimentaires, des goûts artistiques et musicaux, des gestuels, empruntés à chacune des ethnies d'origine des colons. Une mentalité collective « Pied- Noir » émergea.

Le terme "Pied-noir" apparaît au début des années 1950. Il fut d'abord utilisé en France pour designer les nouvelles recrues militaires de nationalité française, des chrétiens ou des juifs, originaires d'Afrique du Nord.

Ironiquement, durant la colonisation française en Algérie, les colons se désignaient eux-mêmes « Algériens » alors que les gens du Bled étaient désignés : « Musulmans, Arabes, Berbères, Kabyles, Maures, Indigènes ». Ces derniers se referaient à tous les Européens par la désignation « Gaouri ou Roumi ».

Au début de la guerre d'indépendance en Algérie, 1954-1962, le terme « pied-noir » parvint en Algérie à travers le grand nombre de soldats métropolitains. Toutefois son usage se répandit en Algérie dans les toutes dernières années de la présence française et surtout en France, après le rapatriement.

Les Européens et Juifs originaires d'Afrique du Nord, retiendront l'appellation « Pied-Noir » pour marquer leur identité. (Calmein, 2014)

Art et musique

La musique arabo-andalouse a été répandue par les Morisques exclus d'Espagne en 1490 puis en 1680. Les Morisques, s'attachaient à un passé arabo-musulman.

Le patrimoine musical algérien prit son ascension pendant les années 1930 dans la Casbah d'Alger.

Image 81   Dance algéroise

A Alger dans les années 1920, est née la musique populaire « *chaabi* ». Contrairement à la musique Arabo-andalouse, ancrée sur l'arabe classique, et le style rigide développé en Andalousie musulmane. Le *Chaabi* est appréciée par les couches populaires,

Les instruments du *Chaabi* sont : Le luth, la derbouka, le tambourin, le mandole, le violon, le banjo et le piano.

Dans le domaine du lyrique, le Chaabi puise surtout dans le patrimoine populaire et des textes essentiellement marocains nommés « *melhoune* ».

Après la disparition de son maître Cheikh Nador, Lahlou Mohand Idir plus connu sous le nom d'El hadj

M'hamed El Anka, un Kabyle originaire des Iflissen prit la relève. De part son génie créateur, il donna au *Chaabi* une place incontestable à Alger.

Une musique dérivée du *Chaabi* utilise un style plus proche du langage de la rue, relatant la condition humaine du quotidien, avec une nette propension aux proverbes et aux dictons puisés dans la tradition poétique orale.

Image 82   El Anka

Une version du Chaabi, puise dans le parler simple et les dictons de la tradition orale maghrébine, compréhensible par l'ensemble de la communauté. Ce style est pratiqué avec grand succès par les chanteurs Dahmane El Harachi, Amar Ezzahi et bien d'autres.

Dahmane El Harachi

Dans la Casbah des 20ème siècle, apparaît un style de musique assez particulier où se mêle... Tango, Flamenco, Arabo-andalou, Paso doble, Mambo et tradition juive. Ce style, porté par les artistes Juifs Algériens au grand talent musical, apportent une ambiance de gaité sous des styles de musique raffinée mais ne touche pas le cœur de l'audience algéroise. Lili

253

Boniche, parmi tant d'autres, est l'un des pionniers de ce genre de musique. Ces artistes étaient souvent aux cotés de leurs amis et collègues Algériens.

Il est difficile de dire que les Pieds-Noirs avaient développé ou conservé un style de musique particulier. Il semble qu'ils étaient plutôt branchés sur les tubes et les vedettes de la Métropole.

Image 84   Orchestre de Juifs Algérois

Seconde Guerre Mondiale (1939-1945)

Image 85   Seconde Guerre mondiale

La débâcle de l'armée française en juin 1940 se solda par plus de 2.000 d'Algériens tués et 60.000 faits prisonniers par les Allemands.

La défaite de la France eut pour conséquence la démobilisation et le retour à la vie civile de la majorité des soldats algériens. Ceux de confession juive furent chassés de l'armée et déchus de la nationalité française après l'abrogation en octobre 1940 du décret Crémieux.

Après le débarquement allié en Afrique du Nord en novembre 1942, les Algériens furent rappelés sous le drapeau français pour libérer la Métropole. Alger devient le siège du Commandement Allié, chargé de préparer le débarquement en Italie sous la direction du général Eisenhower.

Elle devient surtout la capitale provisoire de la France Libre dirigé par de Gaulle qui rejeta le régime de Vichy.

Le 3 juin 1944, le Gouvernement provisoire de la République française (GPRF), siège à Alger jusqu'après la libération de Paris.

En 1943, prés de 100.000 Algériens combattaient aux côtés des alliés. Plus de 5.000 furent tués et 10.000 blessés.

Malgré leur loyauté, leur bravoure et la fraternité d'armes avec les soldats français, il existait toujours un sentiment de malaise parmi les soldats algériens. L'institution militaire ne faisait pas confiance aux combattants originaires des colonies françaises.

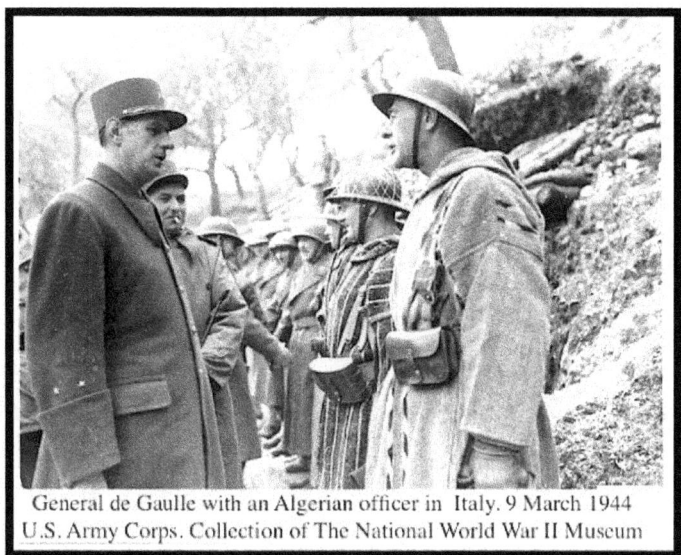

General de Gaulle with an Algerian officer in Italy. 9 March 1944
U.S. Army Corps. Collection of The National World War II Museum

Image 86   Soldats Algériens Seconde guerre mondiale

Les "Indigènes" étaient soumis à la limitation d'avancement, du commandement, et de la solde. Les officiers Algériens étaient plafonnés au grade de capitaine. Les Français passaient d'office du grade de sous-lieutenant à lieutenant au bout de deux années de service. Les Algériens pouvaient attendre jusqu'à dix ans. (Recham, 2007)

Guerre d'Indépendance 1954-1962

| Ben Khedda | Dahlab | Abane | Krim |

Image 87   Leaders du FLN

Après le déclenchement de la guerre par le mouvement indépendantiste Front de Libération Nationale, Alger fut désignée « Zone Autonome » par le leadership du FLN.

En 1956, cette Zone Autonome était sous le commandement de Abane Ramdane. Celui-ci contraint de quitter la capitale pour raison de sécurité, sera remplacé par Yacef Saadi.

La Casbah était devenue la base arrière du FLN à Alger. Les autorités clandestines du FLN imposèrent la prohibition de la consommation de la drogue, des boissons alcoolisées, de la prostitution et du proxénétisme. Les contrevenants seront punis, les récidivistes condamnés à mort.

Le 2 janvier 1957, dans un modeste logement du 3, rue Caton, en plein centre de la casbah, Larbi Ben M'Hidi, l'un des six leaders qui avaient déclenché les hostilités contre la France, confirma à Yacef Saadi, le plan élaboré par Abane Ramdane, théoricien de la révolution, et lui-même:

- *Mettre la révolution dans la rue, elle sera reprise et soutenue par des milliers d'hommes. Alger doit devenir le tambour de la révolution. Dans cette optique, le mouvement révolutionnaire lançait un ordre de grève qui devait suspendre tout travail du 28 janvier au 4 février pour paralyser l'Algérie et faire la preuve de l'influence du FLN pour convaincre l'Assemblée générale des Nations unies d'adopter le texte sur l'autodétermination algérienne.*

- Vagues d'attentats contre le Gaouri et les assimilés. Des cafés européens, établissements parmi les plus fréquentés par la jeunesse des beaux quartiers, le « Milk-Bar », la Cafétéria voisine des facultés, seront la cible des poseurs de bombes. Alger ne sera plus à l'abri de la guerre, jusque-là limitée aux maquis.

Devant l'inefficacité de la police algéroise après la première vague d'attentats. Les Français décidèrent, de confier aux militaires la responsabilité du maintient de l'ordre dans la ville. Les autorités civiles donnèrent plein droit au général Massu, Chef des parachutistes en Algérie.

Le samedi 26 janvier 1957, les « filles » de Yacef Saadi posèrent chacune une bombe dans les hauts lieux du quartier chic de la rue Michelet : l'« Otomatic », la cafétéria déjà visée quatre mois plus tôt, et la brasserie du Coq Hardi
Massu lança ses paras. Son adjoint, le colonel Godard, supervisait l'action des six régiments qui allaient être engagés dans la « bataille d'Alger » traitée comme une opération semblable à celles du

maquis. (Saadi, 1997)

Image 88   Casbah sous barbelés

 Yves Courrière ecrit :
« Le lundi 28 janvier 1957, les magasins sont clos, c'est
la grève. Dès 7 heures du matin, des régiments de paras
et de zouaves s'abattent sur la casbah. Maison par
maison, les portes sont enfoncées, les appartements
visités, les hommes valides jetés dehors : « Allez, au
travail ! ». Les intérieurs des plus réticents sont
saccagés.
Il suffit d'un mouvement d'impatience, d'un éclair de
révolte   dans   l'œil,   pour   être   embarqué   vers
l'interrogatoire dans l'un des centres

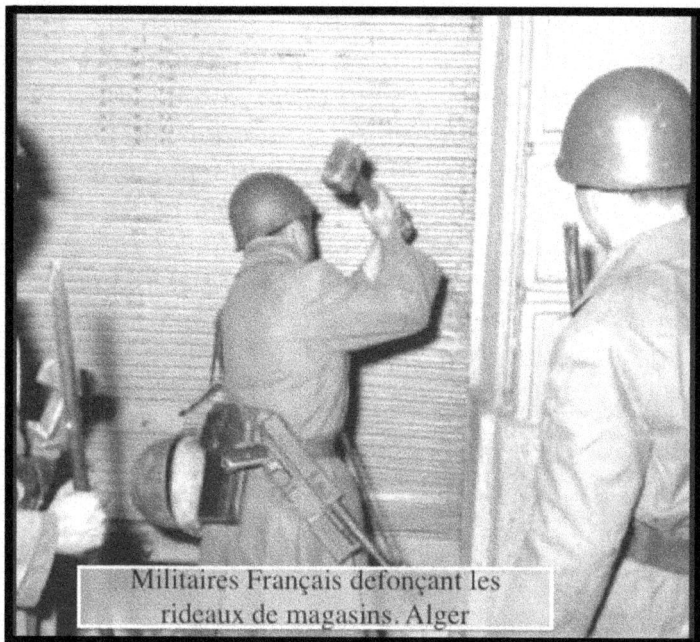

Militaires Français defonçant les rideaux de magasins. Alger

Image 89   Casbah en Grève

dont la population commence de parler... Les half-tracks des paras arrachent les rideaux de fer de la basse casbah. En haute casbah où l'on ne va qu'à pied, des serruriers forcent les ferrures, des soldats les débloquent à coups de barres à mines. L'opération se poursuit pendant quarante-huit heures. La grève est jugulée. Les paras veulent tout savoir sur le FLN. Puisque dans la casbah chacun sait un « petit quelque chose », il faut qu'il le dise. Si ce n'est pas de gré, ce sera de force. À El Biar, à Bouzaréah, aux camps d'hébergement on pratique la torture à la chaîne. Les hommes, arrêtés au hasard des rafles, doivent lâcher

263

leur « petit quelque chose » pour faire cesser leurs souffrances. Tout est bon pour les faire parler. L'eau déversée sous pression au fond de la gorge, l'électricité qui entre très vite dans le langage courant. On l'appelle indifféremment la gégène, le loup ou le téléphone. Tout le monde parle lors de ces interrogatoires. Et de grands pans de l'organisation tombent. Ben M'Hidi est arrêté après des centaines de recoupements qui, à la suite des interrogatoires musclés, permettent de reconstituer l'organigramme du FLN à Alger ».

Capture de Ben M'hidi

Image 90   Capture de Ben M'Hidi

En septembre 1957, Ben M'Hidi, fut capturé et exécuté. Yacef Saadi et Zohra Drif, pris au piège, se rendirent au colonel Godard.

Quinze jours plus tard, le 8 octobre 1957 après d'ultimes interrogatoires et quelques trahisons, Ali la Pointe, Hassiba Ben Bouali, et plusieurs de ses collaborateurs furent éliminés. (Courriere, 1976)

1958 : Apres la chute de la 5ème République Française, le General de Gaulle revient aux commandes. A Alger le Général prononce la fameuse phrase historique à la foule algéroise « Je vous ai compris... ». Au fait il avait déjà envisagé l'autodétermination pour l'Algérie, et une forme de séparation entre la France et l'Algérie, mais les Pied-Noir n'avaient rien compris au discours.

General De Gaulle

Alger 1958

Image 91   General De Gaulle

En 1961, le référendum sur l'autodétermination de l'Algérie sanctionnait la victoire du « oui », avec 75,25 % en France et 69,09 % en Algérie.

Quand les Pied-noir avaient finalement compris les intentions du Général sur referendum sur l'Algérie, le sentiment d'abandon se transforma en folie meurtrière chez l'OAS. (Pellissier, 1995)

L'OAS

Depuis Madrid, le général Salan, Susini et Lagaillarde lancèrent l'OAS (Organisation de l'Armée Secrète), qui regroupa le FAF (Front de l'Algérie française) clandestin et d'autres réseaux.

Les attentats contre les Algériens se multiplièrent, tout comme les assassinats d'opposants à l'Algérie française.

Les animateurs de l'OAS, Jean-Claude Pérez, Josef Ortiz et Athanase Georgopoulos, avaient le sentiment d'abandon et promettaient que l'Algérie était et resterait française. Les Pied-Noir gardaient encore espoir en l'armée et ses services spéciaux, ainsi que les anciens déçus par la défaite de Dien Bien Phu. Il n'en fut rien, de Gaulle était là.

Le putsch des généraux

Le 21 avril 1961, les généraux Challe, Jouhaud, Salan et Zeller appelèrent en Algérie et en France à l'insurrection. Implacable, Le général De Gaulle, mis en échec le putsch en France comme en Algérie.

Le 26 avril, les paras abandonnaient Alger, Challe et Zeller se soumettent aux autorités françaises.

Image 92   Blocus de Bab El Oued

1962 : Blocus de Bab El-Oued

23 au 27 mars 1962

Après l'entrée en vigueur d'un « cesser le feu », entre la France et l'Algérie, le 19 mars 1962, l'OAS est aux abois. Fortement représentée à Bab el-Oued, le foyer de l'insurrection continua à lutter pour la survie de l'Algérie française.

Le quartier se voit imposer un couvre-feu de vingt-trois heures sur vingt-quatre, l'armée française patrouillait les rues.

L'étincelle : Les commandos de l'OAS ouvrent le feu sur une patrouille française, la riposte fut instantanée et avec vigueur. Les façades et les terrasses des immeubles sont pilonnées aux obus et à la mitrailleuse lourde. (Courriere, 1976)

Blocus de Bab El Oued

Image 93   Blocus de Bab El Oued

Cmdt. Azzedine. Chef Zone autonome d'Alger

Image 94   Cmdt Azzedine

Le commandant Azzedine, héros de la Guerre d'indépendance, fut désigné chef de la Zone Autonome d'Alger afin de veiller à la transition vers l'indépendance et endiguer la saignée causée par l'OAS.

« A l'époque, chaque famille européenne avait sa «Fatma» qui connaissait tout ce qui se passait dans les foyers, et les deux communautés vivaient chacune isolée de l'autre. Nous ne pouvions entrer chez eux, comme eux ne pouvaient s'aventurer dans nos quartiers. Avant de rentrer chez elles, ces «Fatma» venaient nous rendre compte de tout ce dont elles ont été témoins, et elles nous aidaient à localiser, grâce aux photos que nous leur montrions, les activistes de l'OAS.

Nous, nous ne pouvions entrer dans les quartiers européens, parce que vite repérables. Il fallait que ce soit la partie française qui le fasse. Mais rien n'a été fait. L'armée française était devenue putschiste et personne ne pouvait agir. Les accords d'Evian avaient prévu la mise en action de la force locale à Alger (composée d'Algériens encadrés par des officiers français), mais également les ATO (Agents temporaires occasionnels), une sorte de police temporaire. Ces forces fidèles à De Gaulle, devaient servir pour le maintien de l'ordre jusqu'à l'indépendance, mais aucune d'elles n'a été mise en place. Il fallait riposter parce que la population voyait ses enfants mourir chaque jour dans des attentats. Les criminels de l'OAS voulaient déverser un camion citerne d'essence sur le haut de La Casbah pour brûler tout le quartier.

271

Les plasticages, les tirs au bazooka, au mortier, à la mitraillette lourde ébranlaient la capitale. C'était un cauchemar pour la population au point où celle-ci a commencé à douter de l'efficacité de la zone autonome, accusée d'impuissance. Au niveau du PC chaque soir nous nous réunissions pour établir les listes des extrémistes de l'OAS avec leur adresse, et le lendemain j'organisais des enlèvements de personnes ciblées et celles-ci sont faites prisonnières. Elles sont déférées devant un tribunal populaire qui décidait soit de leur libération soit de leur condamnation à mort. Ceux qui étaient exécutés, l'étaient pour leurs crimes abominables. Notre action avait pour objectif de stopper les massacres de l'OAS et faire respecter les accords d'Evian. Nous ne pouvions rester inertes face à la machine meurtrière de l'OAS.

L'attentat contre les travailleurs du port d'Alger, avec plus de 70 morts et de nombreux blessés a soulevé les habitants de Clos Salembier et de La Casbah. Ces derniers ont commencé à descendre sur les quartiers européens pour se venger. Nous avons eu du mal à les convaincre de rentrer chez eux. Nous leur avons promis de riposter violemment à cet acte ignoble.

Et il y a eu l'action du 14 mai 1962 qui a été menée sans qu'elle soit autorisée par le GPRA ni le CNRA. Comme nous étions tout le temps en contact avec les

272

autorités françaises, nous savions que le pouvoir officiel voulait en finir avec l'OAS, d'autant plus que l'armée française était devenue putschiste et De Gaulle voulait s'en débarrasser, alors nous avons organisé une action militaire sur tout le territoire de la zone autonome dirigée contre tous les PC de l'OAS. Il y a eu une vingtaine de morts et beaucoup de blessés. Ce qui a bouleversé la donne.

Les Français ne s'attendaient pas à une telle riposte. A partir de Genève, M'hamed Yazid décline toute responsabilité du GPRA dans ces actions. Les représentants de l'exécutif le suivent en disant que les auteurs ne sont ni de l'ALN ni du FLN. Mais, le lendemain, j'ai animé une conférence de presse où j'ai annoncé la responsabilité de la zone autonome sur les attentats, commis en réponse au non-respect des accords d'Evian par la partie française. J'ai dit aux journalistes que j'étais membre du CNRA et à ce titre le CNRA était au courant de ces opérations, au même titre que les wilayate, puisque moi aussi j'en fais partie.

Bien sûr. Nous, nous n'avons jamais voulu que les européens partent. C'était notre grande préoccupation parce qu'ils faisaient fonctionner le pays. Ils détenaient tout entre leurs mains. Comment allions-nous faire fonctionner les centrales électriques, téléphoniques, les réseaux d'assainissement ? Comment faire arriver l'eau dans les robinets, ou encore organiser la rentrée scolaire ?

Le suicide collectif des européens a été organisé par l'OAS à travers sa politique de terre brûlée et par le slogan qu'elle a mis sur notre dos, celui : «La valise ou le cercueil».

Propos du Commandant Azzedine, recueillis lors d'une interview avec la Journaliste Salima Tlemçani. 6 Juillet 2012.

(Azzedine, 2012)

Les Pied-Noir se rendent subitement compte que l'armée française, n'est plus là pour le maintient d'une Algérie française et que l'OAS n'est pas en mesure de les défendre. Ils préfèrent quitter l'Algérie de peur de représailles réelles ou imaginées.

Il faut cependant rendre hommage aux Pieds Noirs d'exception qui ont combattu pour la liberté des Algériens avant et durant la guerre d'indépendance, notamment : Maillot, Iveton, Audin, Laban; Raymonde Peschard, Raffini, Counillont, Henri Alleg, Célestin Moréno, Tiffou et tant d'autres.

Exode des Pied-Noir

Durant la colonisation française, le rapport social entre le "Gaouri" et l'Algérien était celui du dominant et du dominé. L'un et l'autre se côtoyaient mais ne vivaient pas ensemble. Le racisme été la principale attitude des Gaouri d'Algérie. Que savaient-ils des Algériens qu'ils qualifiaient d'« Indigènes » ? Très rares, parmi eux, étaient ceux qui parlaient la langue arabe et encore moins le berbère. Au travail, et même dans les lieux publics, le Gaouri donnait les ordres et l'Algérien acquiesçait, apparemment soumis. Que pouvaient bien se dire dans l'usine, le chantier, ou tout autre lieu de travail, le chef et l'employé ? Le premier étant presque toujours un Gaouri, et le second Algérien. Dans certains quartiers les enfants pouvaient jouaient ensemble mais seulement jusqu'à un certain âge. A l'école, l'élève algérien était marginalisé d'office, puisqu'il représentait au plus un dixième de l'effectif. A l'âge adulte une cloison virtuelle s'établit entre les deux communautés. Les familles ne se fréquentaient pas, rarissimes étaient les mariages intercommunautaires. En général, Les Algériens qui allaient chez les Gaouri sont : Fatma la femme de ménage, Omar le jardinier, ainsi que tous les ouvriers d'entretien. Dans la rue ils ne se parlaient pas et chacun préférait aller dans son quartier. Quelques Algériens s'aventuraient dans les quartiers Gaouris, mais l'inverse est rare. Un Gaouri Algérois pouvait passer toute sa vie dans la capitale sans jamais mettre les pieds à la Casbah.

(Weil, 2005)

Kateb Yacine raconte une expérience vécue:
« *Dans un tramway, en 1950, l'Européenne de Bab el Oued, avec son lourd couffin. A ses mains, à ses rides, la façon dont elle tient son bébé, son effarement encore souriant, on voit que cette jeune femme a eu déjà plusieurs enfants, qu'elle travaille dur, mais n'ignore pas la joie. On lui accorde immédiatement un préjugé de sympathie. Quant à son voisin, c'est l'Arabo-Berbère passé par un heureux hasard sur les bancs d'une école. Gravement moustachu, vêtu d'un bleu de chauffe, il dévore son journal. Et tous deux coexistent au soleil des grands jours, un soleil justicier. On dirait d'eux, à première vue, qu'ils sont l'incarnation d'une Algérie paisible et fraternelle, celle de l'avenir. Mais le bébé n'est pas content. Il crie, il se démène, et sa mère le gronde, toujours en souriant :*
- Tais-toi, ou bien l'Arabe va te manger.
- Non, Madame, les Arabes ne mangent pas de cochon.
Il a suffi de quelques mots. Le vieux tramway de l'Algérie française roule vers la catastrophe.» (Ruscio, 2015)

« *De tous temps, il y eut, en Algérie, des Européens respectueux, ouverts à la diversité humaine et culturelle. Certains traduisent cela par la littérature (on pense à*

276

Isabelle Eberhardt), d'autres par l'oeuvre picturale (les tableaux d'Etienne Dinet), d'autres par leurs activités professionnelles (bien des médecins de campagne, la majorité des instituteurs, véritables héros des temps modernes, mais disposant de si peu de moyens), d'autres enfin par la charité (quelques religieux et religieuses qui n'étaient pas liés au système)...

Il faut faire ici une place à certains Européens d'Algérie qui choisirent le combat politique. C'étaient les « Internationalistes »

Leur stratégie n'a pas toujours été en adéquation avec la réalité. Mais il reste qu'ils ont dénoncé les atteintes aux libertés et les violences de l'ère coloniale, qu'ils ont tenté, avec d'autres, de tracer la voie vers la sortie du colonialisme. Surtout, il faut souligner une spécificité : ils ont été les seuls de toute l'histoire coloniale française (et peut-être mondiale) à réunir en leur sein des militants de toutes origines (Européens, Musulmans, Juifs), peu leur importait, ils étaient tous des Internationalistes... mais, hélas, ils n'ont pas été entendus. La société fraternelle qu'ils préconisaient n'a jamais vu le jour.

A la place s'est imposé une société à deux ou même à trois vitesses.

Augustin BERQUE, le père du grand orientaliste, disait naguère, que les Indigènes et les Européens, n'étaient pas associés mais «juxtaposés ».

Exode Pied-Noir 1962 Alger

Image 95   Exode Pied-Noir

Lors de l'exode de 1962 appelé aussi « Exode Pied-Noir » Alger perdra la majorité de sa population d'origine européenne et juive. (Muyl, 2007)

8 Epilogue

Image 96 Femmes en hijab à la plage

Alger, comme tout le Maghreb d'aujourd'hui, , est sous haute pression d'un islamisme qui atrophie la pensée, bannit le rationnel, conditionne l'intelligence, et avilit l'être humain.

L'arrogance islamiste a atteint un tel point de perturbation, que certains leaders algériens, à l'esprit ouvert, osent dire : « *laissez les gens respirer* ».

Ces leaders s'adressent bien sûr aux ténors de l'Islam politique qui ont trouvé leur *ray*[39] au sein d'une population timorée.

Ces leaders en bonne conscience disent : Laissez les gens respirer !

— Ils disent cela ! Mais la TV nationale suspend les émissions ordinaires cinq fois par jours pour annoncer l'appel à la prière, en addition à celui émanant à haut décibel de multitudes mosquées.

— Ils disent cela ! Bien que les enfants des écoles publiques ou privées, doivent chanter l'hymne nationale dans la cour. En classe les écoliers sont traumatisés par les propos d'enseignants à majorité islamiste. Des propos tirés de scénarios de films d'horreur : enfer éternel, fabulations diaboliques... qui donneraient des cauchemars même aux adultes.

— Ils disent cela ! Mais les filles et femmes qui s'affirment sans hijab, sont traitées de dévergondées.

— Ils disent cela ! Mais le jeune ou le moins jeune qui veut prendre une bière, ne peut empêcher de se sentir comme un voleur avant et après l'achat de sa boisson.

---

39 Mot berbère qui signifie: faire à sa tête.

— Ils disent cela ! Alors que des *khorotos*[40] de niveau scolaire « Bac moins dix », fustigent sur les plateaux de télévision et les minbars, les gens intègres qui ne cèdent pas au dictat islamiste.

Une atmosphère de mécontentement général se fait sentir chez la majorité de gens qui se plaignent de tout et de rien : Injustice, « *Hogra* », corruption, incompétence, ... tout y passe.
L'ironie étant : les gens qui se plaignent, disent aussi « Labass El Hamdoulilah[41] ».

En général, les gens se plaignent du « système » mais qu'est-ce le système ? Ce n'est que l'émanation de la masse populaire. Comment puisse-t-on se plaindre d'un système dont on se sert et se nourri ?

— Ceux qui se plaignent par défaut, trouvent leur support chez les tricheurs comme eux, la catégorie de ceux qui ne s'acquittent point de leurs obligations citoyennes, ceux qui veulent prendre et ne rien donner.

Mais comment est- on arrivé là ?

---

[40] Personne usant le khorti qui signifie simulacre, duplicité.
[41] Tout va très bien. Dieu Merci.

— Plusieurs facteurs y ont contribué : Ignorance, complaisance, arrogance, avidité...

— Peut-on apprendre du passé pour améliorer le futur ?

— Absolument !

— Peut-on changer les choses!

— Bien sûr, mais avec d'énormes difficultés, rigueur et détermination.

Dans l'absolu, l'essentiel serait l'établissement de lois appliquées à tous et de la même façon. Facile à dire, mais ceci se fait dans beaucoup de pays.

La loi divine relève de l'au-delà, la loi des hommes relève du présent et du vécu ici-bas. C'est du ressort des hommes d'établir des lois pour régir la bonne gouvernance d'une société. Les lois ne sont pas figées, elles répondent aux attentes d'une société qui évolue.

Les citoyens doivent comprendre qu'ils ont des droits et des obligations.

Le citoyen averti est conditionné par les sanctions légales, surtout s'il est « frappé au portefeuille ». Les amendes sont là pour le rappeler à l'ordre et au respect de la vie en société. Comme cela se fait dans les pays « développés ».

Pour établir des lois, le sens de la citoyenneté devient primordial.

Pour cela il faut comprendre que :

« Ne peut se sentir citoyen que le citoyen à part entière ».

Pour atteindre ce stade, on doit pouvoir déterminer et affirmer sa propre identité, qui serait pleinement reconnue de droit. Cette reconnaissance plurielle est le ciment de la citoyenneté, où l'individu fait pleinement partie d'un ensemble. Ainsi le libre citoyen comprendra que son bien-être est lié au bien-être commun, à son pays.

Le flou demeure et l'embrouille persiste chez beaucoup d'Algériens quand il s'agit de définir leur identité propre. Après des siècles de brassage, ils ne peuvent prétendre être autre qu'Algériens par essence et patrie. Ils sont capables d'arriver à leurs propres interprétations pour faire le distinguo entre le réel et le « *khorti* » (simulacre). L'identité ancrée dans une diversité ethnique de composante plurielle ne peut être plombée à une appartenance unique, arbitraire et artificielle : « Arabo-musulmane ».

L'Algérien n'est pas nécessairement Arabe ou Musulman, il est avant tout libre de déterminer « qui il est », de le clamer haut et court. Sur sa carte d'identité, passeport, ou tout autre document officiel, il ne figure point de mention « Arabe ou Musulman ».

— Et puis, ce n'est pas une annotation sur un document qui détermine l'identité.

La performance d'un processus s'évalue selon le résultat obtenu. Le monde arabo-musulman, utopique, demeure sans rapport avec la réalité.

Qu'est ce qui caractérise l'image du monde arabo-musulman aujourd'hui ?

— C'est l'obscurantisme qui sape l'épanouissement humain, strippant la femme de sa féminité, l'enfant de son innocence, et l'adulte de son bon sens.

— Ce sont les conflits internes qui perdurent depuis 1.400 ans, où chaque groupe veut exterminer son rival pour prendre ou garder le pouvoir.

— C'est le dogme islamiste qui a pour objectif d'anéantir tous les « insoumis » à ce dogme concocté par l'Homme.

La « dérive » islamiste pourrit la vie aux musulmans et assimilés. Les musulmans, majoritaires, qui essayent de suivre la religion de leurs Aînés sont devenus des parias. Ils sont submergés par les islamistes minoritaires. Il suffit d'un groupuscule pour créer la discorde.

Les Aînés étaient convaincu que leur islam se réfère à un Dieu de paix et de tolérance. Ces Aînés alignent la croyance aux valeurs humaines sans dogme particulier. Les prêches et les discours sacralisés par les « chouyouks» », ne passent pas chez les Aînés. Fiers de leur patrie, ils ne vont pas chercher leurs origines ailleurs, et ils se méfient des nouveaux prophètes.

Les convictions des Aînés sont fermes et regorgent de bon sens:

Dieu a doté l'être humain d'une intelligence pour prendre ses responsabilités, avoir des ambitions, créer, innover, contribuer au bien-être commun.

Ce qui distingue l'humain du monde animal, c'est l'aptitude de penser. Sans la libre pensée, l'être humain redevient un animal domestique, guidé par son maître.

Vivre une vie pleine, avec joie, dignité, justice et compassion.

Le sacré n'est que décision de l'homme.

Mythes et légendes ne sont que fabulations indispensables à l'imaginaire collectif.

L'au-delà est l'affaire de Dieu.

Le look et l'habit ne sont que symboles de circonstance.

Imposer l'islam, est un délit.

Tuer ou terroriser au nom de l'Islam, est un crime.

Il a fallu des siècles, des centaines de milliers de morts, et des souffrances inutiles, pour que les pays d'Europe, des Amériques, d'Asie et d'ailleurs, comprennent que les affaires d'Etat et ceux de la religion doivent être séparés.

Combien d'autres victimes et de souffrance, les musulmans doivent-ils endurer pour arriver à la même conclusion ?

10 Table des Illustration

9   References

Albertini, E., Marchais, G., & Yver, G. (1937). *L'Afrique du Nord francaise dans l'Histoire.* Paris: Archat.

Aldeeb, S. (2015). Le mensong en Islam: La taquia. *Les Observateurs .ch.* (G. Sauvage, Intervieweur) Lausane.

Alexander, R. (1837). *Histoire d'Arouj et kheredine, fondateurs de la Regence d'Alger. Chroique Arabe du 16eme siecle.* Google numerique.

Ali Yahia, A. (2013). *La crise berbere de 1949.* Alger.

Almeida, Fabrice. (2013). *Espagne des Origines a nos jours.* (L. Artheme, Éd.) Fayard/Collection Pluriel. Soph Publications.

Aristide, G. (1841). *De la Colonisation Afrique du Nord.* Paris, France: Pagneree.

Armand, G. *Alsaciens et Lorrains en Algerie 1830-1914.* Organisation administrative de l'Algrie en 1860, Extraits des rapports e 1873 1875 de M. Guynemer.

Attias, R. T. (s.d.).

Azzedine, C. (2012, Juillet 06). L'OAS Zone Autonome Alger. (S. Tlemcani, Intervieweur) Alger: Quotidient El Watan.

Bacha, D. (2011). *Palestro.* Paris, France: L'Harmattan.

Barrucand, M. (1999). *Architecture Maure en Adalousie.* Germany: Taschen Deutschland.

Bellil, R. (1999). Les Oasis de Gourara: Le temps des Saints. *Peters Publishers , 1* . Leuven, Belgique.

Berbrugger, A. (1845). *Notices sur les antiquites romaines d'Alger.* Paris: Bourget.

Berbrugger, A. (1860). Le Penon ou les Origines du Gouvernement Turc en Algerie. Alger, Algerie: Challamel, Librairie.

Berteuil, A. (1856). *L'Algerie francaise, Histoire, Moeurs, Coutumes, Industrie, Agriculture.* Paris: Palais Royal.

Biland, C. (2004). Psychologie du menteur. Odiles Jacob.

Bottero, J. (1992). L'aube des Peuples. *L'epopeee de Galguimesh* . Gallimard.

Boulifa, S. (1925). *Le Djurdjura a travers l'Histoire. Depuis l'antiquite jusqu'a 1830.* Alger, Algerie: J. Bringau.

Boyer, P. (1985). Les Renegats de la marine de Regence d'Alger. *Revue de l'Occident musulman et de la Mediterranee* (39).

Bridou, V. (2006). *Les Royaumes d'Afrique du Nord de la fin de la deuxieme punique a la mort du roi Boccus .* (U. P. Sorbonne, Éd.) Paris.

Britannica, E. (2015). First Califes. UK.

Britannica, E. (s.d.). The zero and Arabic numbers.

Brune, J. (1950-1956). Bab-El-Oued. Alger.

California, U. o. (s.d.). Kitab El Imara.

Calmein, M. (2014). *Dis, c'etait comment du temps de l'Algerie francaise?* Paris: Atlantis.

Camps, G. (1983). Comment la Berberie est devenue Maghreb Arabe. *Revue de l'Occident musulman et de la Mediterraneee .*

Camps, G. (1993). *Histoire de l'Afrique du Nord et du Sahara*. France: Doin.

Chergui, S. (2010). Les Morisques et l'effort de construction d'Alger au 17eme et 18 eme siecles. Cahiers de la Mediterranee.

Cheriguen, F. (1993). *Toponymie algerienne des lieux habites, les noms composes*. Alger, Algerie: Epigraphe.

CNRA. (2015). *Les Fouilles archeologiques de la Place des martyrs ALger*.

CNRS. (2013). *Le Coran . Nouvelles Approches*. Paris, France.

Conte, E. (1999). P. Bonte et al. Editions.

Coranica, P. (2014). *Coranica, Project* .

Courriere, Y. (1976). *Le Temps des leopards.*

Courtois, C. (1955). Les Vandales en Afrique. Paris, France.

Crespo, G. (2003). *Les Italiens en Algerie 1830-1960*. NIce, France: Jacques Gandini.

De Circourt, A. (1846). *Histoires des Mudejares et des Morisques ou des Arabes d'Espagne sous domination des Chretiens.* Paris: G. A. Dentu.

De Galand, C. (1924). *Alger et l'Algerie.* Alger, Algerie: Imprimerie Algerienne.

De Paradis, V. (1808). *Alger au 18eme Siecle.* Alger, Algerie: Adolphe Jourdain.

Delcambre, A.-M. (2003). *Les Kharidjites, les protestants de l'Islam.* (CLIO, Éd.) Clio.

Desprez, C. (1868). *Alger, naguere et maintenant.* Paris: Hachette.

Domenech Lenzini, N. (s.d.). *L'immigation Mahonnaise en Algerie.* Consulté le 2016, sur Centre de Documentation Historique sur l'Algerie: Http://www.cdha.fr/immigration-mahonnaise-en-algerie

Druy, V. (1870). *Histoire des Romains depuis les temps recules jusqu'a la fin du reigne des Antonins.* Hachette.

El-Bekri. (1831). *Description de l'Afrique Septemtrionale.* (M. G. Slane, Trad.) Paris, france: Paris Imprimerie Imperiale.

Elisseeff, N. (2017). Kairouan. (E. Universalis, Éd.) France: Encyclopedia Universalis.

Encyclopedia Britannica. *the Zero and Arabic numbers.* completer: completer.

Fabrice, A. (2013). *Espagne des Origines a nos jours.* France: Fayard.

Favre, L. (1937). *Casbah. Le grand eportage sur les bas-fonds d'Alger.* Voila. Gallimmard.

Fesouls, E. (1955). *Une nouvelle hypothese sur la fondation de Carthage.* (B. d. Hellenique., Éd.) Paris, France: Persee.

Fillias, A. (1878). *Dictionnaires des Communes, villes et villages de l'Algerie.* Alger: J. Lavagne.

Fischer, F. (1999). Migration seculaire et emigration mythique: La colonisation alsacienne-lorraine en Algerie 1839-1914. Nice, France: Serre editeur et Editions Jacques Gandini.

Fisher, O. e. (2004). The Middle East: A hstory. *McGraw-Hillw Companies* .

Fletcher, R. (2006). *Moorish Spain.* USA: Univrsity of California.

Foundation, Z. S. (1996). Principles of Islam. Abou Dahbi.

Gaid, M. (1976). *Histoire de Bejaia et de sa region.* Alger, Algerie: SNED.

Galibert, L. (1844). *Algerie: Ancienne et moderne depuis les Carthaginois jusqu'a la prie de la Smalla d'Abedelkader.* (Furne, Éd.) Paris, France: Furne.

Garette, R. e. (1858). *Algerie.* Paris: Firmin Didot.

Gautier, E. (1964). *Le Passe de l'Afrique du Nord.*

Gautier, T. *Voyage Pittoresque en Algerie.* completer: completer.

Gelard, M.-L. (2004). Etudes rurales. *Protection par le sang et accord par le lait* .

Gelard, M.-L. (2004). *Protection par le sang et accord par le lait.* France: EHESS Etudes Rurales Sud Est Marocain.

Genevois, H. (1974). Les Rois Koukou. *Le Fichier Periodique* (121).

Glay, M. L. (1968). A la Recherche d'Icosium. *Antiquites Africaines* (2).

Gougenheim, S. (s.d.). Aristote au Mont st Michel.

Gouguenheim, S. (2008). *Aristote au Mont Saint-Michel. Les racines grecques de l'Europe chretienne.* Paris, France: Le Seuil.

Gourg, & Jones. (1836). Alhambra. londres: Imago Mundi.

Grammont, H. (1887). *Histoire d'Alger sous domination turque 1515-1830.* Paris, France: Ernest Leroux.

Guichard, P. (2011). *Al Andalus. 711-1492. Une histoire de l'Espagne Musulmane.* Paris, France: Les Editions Pluriel.

Hachim, M. (2008). *La marche epique des Beni Hillal de la Peninsule arabique aux cotes atlantiques.*

Haedo, D. (1612). *Topographie et Histoire Generale d'Alger* . (Monnereau, & A. Berbrugger, Trads.) Valladolid, Spain.

Haedo, F. D. (1612). *Histoire des Rois d'Alger.* (H. D. Grammont, Trad.) Valladolid, Spain: Adolphe Jourdain.

Heers, J. (2008). *Les Barberesques* (éd. Collection Tempus). (Perrin, Éd.) Paris, France.

Ibn Khaldoun. (2003). *Histoires des Berberes et des dynasties musulmanes de l'Afrique du Nord* (éd. Edition Integrale). (W. G. Slane, Trad.) France: Berti Editions.

Ibn Nadim, M. (1970). *The Fihrist of El Nadim. Tenth Century survey of muslim culture.* (C. U. York, Éd.) New York, USA: Columbia University Press.

Ibn-Adhari. (1848-1851). *Histoire de l'Afrique et de l'Espagne* (Vol. 1). (R. Dozy, Éd.) Leyde, Pays-Bas: J Brill.

Imago Mundi. (2017). Le Wahabism . Imago Mundi.

Ivan, H. (1992). *Africa from the seventh to the Eleventh Century.* (Vol. 3). University of California Press.

Jacques, G. (2004). Sur le Statut de quelques villes de Numidie et de Mauretanie Cesarienne. *Antiquites Africaines* (40-41).

Julien, C. A. (1966). *Histoire de l'Afrique du Nord.* France: Payot.

Kaddache, M. (2003). *L'Algerie des Algeriens: De la prehistoire a 1954.* Paris: Paris Mediterraneen.

Khaldoun, I. (2003). Histoire des Berberes. (W. M. Slane, Trad.) Berti Editions.

Khatib-Chahidi, J. (s.d.).

Klein, H. (1937). *Les Feuillets d'El Djezair.* (Fontana, Éd.) Alger: Chaix.

Kramer, S. (1956). *History Begins at Sumer.* Philadelphia, Pennsylvania, USA.

Kramer, S. *History starts at Sumer.*

Lamboley, C. (2011). Colons en Algerie. Histoire d'une famille ordinaire. *Academie des Sciences et Lettres de Montpellier.* Univerite de Montpellier.

Le Marchand, E. (1913). *L'Europe et la Conquete d'Alger.* Paris: Perrin et Cie.

Lemaitre, E. (2015). Historique du 7eme Regiment de Marche de Tirailleurs Algeriens. Gallica.

300

Leroux, E. E. (Éd.). (1830). Histoire de l'Afrique Septemtrional jusqu'a la conquete francaise. Paris, France.

Llinares, C., & Lima-Boutin, D. (2008). *L'Emigration italienne de 1830 a 1914.* Paris.

Lucenet, M. (2010). La Peste fleau majeur. *Biblioteque Numerique Medicale* . Paris, France.

Lugan, B. (2013). *Histoire des Berberes.* (B. Lugan, Éd.) France.

Maison des Cultures du Monde. (2004). Musique de l'epoque Abasside. (I. M. Monde, Éd.) *Le legs de Safyedine el amraoui* .

Mandeville, G., & Demontes, V. (1900). Etudes de demographie algerienne. Les populations europeennes. Leur accroissement, densite, et origine. *Revue des Questions diplomatiques et coloniales* .

Mantran, R. (1989). *Histoire de l'Empire Ottoman.* Paris, France: Fayard.

Marcais, W. (1938). *Comment l'Afrique du Nord a ete arabisee.* (L. Larose, Éd.) France.

Masson, P. (1903). *Histoire des Etablissements et du Commerce en Afrique du Nord. 1560-1793.* Paris, France: Librairie Hachette & Cie.

Maury, J. (1925). La grande pitie des petites mauresques ou le bagne d'enfants de la Casbah.

Menocal, M. R. (2003). *L'Andalousie arabe VIII au XV eme siecle. Une culture de tolerance.* France: Autrement.

Mercier, E. (1888). *Histoire de l'Afrique septentrionale (Berberie) depuis les temps les plus recules jusqu'a la onquete francaise.* Paris, France: Ernest Leroux.

Mignon, M. (1773). *Histoire de l'Empire Ottoman depuis son origine jusqu'a la paix de Belgrade.* Paris, France: Chez le Clerc. Librairie, Quai des Augustins.

Mirante, J. (1930). *La France et les Oeuvres indigenes en Algerie.* Cahiers du Centenaire de l'Algerie . Paris: Publications du Comite Natianal Metropolitain du Centenaire de l'Algerie.

Misri, A. e. (1997). Classic Manual os islamic Law.

Moderan, Y. (2005). Kahena. (P. Publishers, Éd.) Revues.Org.

Moezzi, M., & Schmikdte, S. (2009). Rationalism and Theology in the Medieval Muslim World. France.

Morera, D. F. (2006). The myth of andalousian paradise.

Moscati, S. (1971). *L'epopee des Pheniciens.* Paris, France: Fayard.

Mourad Mancer. (2016, 01 31). Excavations dans la Basse Casbah. *El Moudjahed* . Alger, Algerie.

Muyl, M. (2007). Les Francais d'algerie: socio-histoire d'une identite. *Political Science* .

Nordman, D. (2006). *Tempete sur Alger. L'expedition de Charles Quint en 1541.* (Bouchene, Éd.) Paris.

Nouha, Z. (2011). Ayam Amazigh. (D. Chourouk, Éd.) Egypte.

Ouldennabia, K. (2009). Patronymie et Acculturation. *Revue Maghrebine des Etudes Historiques et Sociales* (01).

Pellissier, P. (1995). *La Bataille d'Alger. 1954.* Tempus Collection des editions Perrin.

Philadelphia, U. o. *Les Collections de l'Histoire.* .

Pignel, A. (1836). Guide du Colon de Paris et dans l'Algerie. Paris: Debecourt.

Pignon, T. (2012). Etat Abbasside 750-945. *Les Cles du Moyen orient* . France.

Pline, N. (1980). *Colonia Immunis Illici. Contributur Icositani.* (M. Nicole, Trad.) Germany.

Pons, L. (2008). *Les Mahonnais de Fort de l'Eau.*

Quetin, E. (1848). Guide du voyageur en Algerie, itineraire du savant, de l'artiste, de l'homme du monde et du colon. Paris: L. Maison.

Recham, B. (2007). Les militaires nord-africains pendant la Seconde Guerre mondiale. *Colloque pour une histoire critique et citoyenne.* Lyon: ENS LSH.

Revue Africaine . (1869). La Marine de la Regence d'Alger. *Societe Historique Algerienne* (77).

Rinn, L. (1900). *Le Royaume d'Alger sous le Dernier Dey.* Alger, Algerie: Adolphe Jourdain.

Rodinson, M. (2017). Almohades.

Rodinson, M. (2017). Les Almoravides. France.

Routledge, L. (2007). The Jews in Islam.

Rozet, & Carette. (1850). *L'Algerie, L'Univers ou Histoire et Description de tous les Peuples, Religions, Moeurs, coutumes.* Paris, France: Firmin Didot Freres.

Ruscio, A. (2015). *Nostalgerie. L'interminable histoire de l'OAS.* Paris: La Decouverte.

Saadi, Y. (1997). *La bataille d'alger.* Alger: Casbah.

Saus, R. I. (2016). En El Andalus se practicaba la humiliacion del cristiano. (L. Haurie, Intervieweur) La Razon.

Shanka, D. (s.d.). Encyclopedia of Islam.

Shuval, T. (2002). La ville d'Alger vers la fin du 18eme siecle: Population et cadre urbain. *CNRS* . Paris, France.

Societe HIstorique Algerienne. (1860). La Marine de la Regence d'Alger. *Journaux des travaux de la Societe Historique Algerienne , 13eme Annee* (77).

Stehly, R. (2015). Islam, une Religion. *Islamologie Universite Marc Bloch* .

Suetone. (2000). *Vie des douze Cesars.* Paris: Les Belles Lettres.

SUNY Press. (1994). *The End of the Jihad State.* Sunny press.

Tabari. (1980). *Chronique Traditionnelle* (Vol. 1/6). (Sindbad, Éd., & H. Zotenberg, Trad.)

Tabari. (1980). Chronique Traditionnelle. *De la creation a David , 1/6 .* (Sindbad, Éd., & H. Zotenberg, Trad.)

Taraud, C. (2008). Les yaouleds: entre marginalisation sociale et sedition politique. *Revue d'histoire de l'enfance irreguliere* (10).

Tudury, G. (1992). *La prodigieuse histoire des Mahonnais en Algerie a partir de 1830.* Nime, France.

Warner, B. (2007). *Mohamed and the Unbiliers.* (B. Warner, Éd.) USA: Center of the political Islam.

Webster, W. (s.d.).

Weil, P. (2005). Le statut des musulmans en Algerie coloniale. Une nationalite francaise denaturee. *La Justice en Algerie 1830-1962 .*